Kinder fördern nach Montessori

Tim Seldin

Kinder fördern nach
Montessori

So erziehen Sie Ihr Kind zu
Selbstständigkeit und sozialem Verhalten

DORLING KINDERSLEY
LONDON, NEW YORK, MELBOURNE,
MÜNCHEN UND DELHI

Gestaltung Hannah Moore
Projektbetreuung Angela Baynham
Lektorat Esther Ripley
Bildredaktion Glenda Fisher
Herstellung Mandy Inness
Programmleitung Corinne Roberts
Cheflektorat Penny Warren
Chefbildlektorat Marianne Markham
DTP-Design Sonia Charbonnier
Bildrecherche Carlo Ortu
Fotos Vanessa Davies

Für die deutsche Ausgabe:
Programmleitung Monika Schlitzer
Projektbetreuung Kerstin Uhl
Herstellungsleitung Dorothee Whittaker
Herstellung Maxie Zadek
Covergestaltung Barbara Weishaupt

Bibliografische Information Der Deutschen Bibliothek
Die Deutsche Bibliothek verzeichnet diese Publikation in der
Deutschen Nationalbibliografie;
detaillierte bibliografische Daten sind im Internet
über http://dnb.ddb.de abrufbar.

Titel der englischen Originalausgabe:
How to raise an amazing child

© Dorling Kindersley Limited, London, 2007
Ein Unternehmen der Penguin-Gruppe
Text © Tim Seldin, 2007

© der deutschsprachigen Ausgabe by Dorling Kindersley
Verlag GmbH, München, 2007, 2012
Alle deutschsprachigen Rechte vorbehalten

Übersetzung Jeanette Stark-Städele
Redaktion Petra Thoms
Satz Ekkehard Drechsel

ISBN: 978-3-8310-2091-1

Colour reproduction by Colourscan, Singapore
Printed and bound in Singapore by Tien Wah Press

Besuchen Sie uns im Internet
www.dorlingkindersley.de

Hinweis
Die Informationen und Ratschläge in diesem Buch sind von
den Autoren und vom Verlag sorgfältig erwogen und geprüft,
dennoch kann eine Garantie nicht übernommen werden.
Eine Haftung der Autoren bzw. des Verlags und seiner
Beauftragten für Personen-, Sach- und Vermögensschäden ist
ausgeschlossen.

Inhalt

Einleitung 6

Warum Montessori?
Höhen und Tiefen des Elternseins 10
Was ist Montessori? 12
Sensible Phasen des Lernens 14
Die Montessori-Schulen 18
Von Anfang an 22
Ihr Baby wächst heran 30
Ein kindgerechtes Heim 32
Liebevoll gestaltet: das Kinderzimmer 34
Die Wohnung »wächst« mit 38
Beobachten und sich leiten lassen 46

Mit allen Sinnen entdecken
Die Sinne schulen 50
Wie Babys ihre Welt erfahren 52
Ein Korb voller Schätze 56
Sinnliche Aktivitäten
    fördern das Lernen 60

Alleine machen
Hilf mir, es selbst zu tun 76
Kinder lieben Arbeit und Spiel 78
Die Körperpflege 86
Sich selber anziehen 92
Im Haushalt helfen 98

Erziehung zum Frieden
Eine liebevolle Atmosphäre 108
Trotzanfälle meistern 112
Disziplin und Regeln 118
Sozialverhalten – Anstand und Höflichkeit 122
Der Friedenstisch 126
Das Fernsehen einschränken 130

Die Welt erforschen
Kleine Forscher 134
Im Familiengarten 138
Entdeckungen im Wald 142
Ein eigenes Naturmuseum 146
Spiele mit Themen aus der Natur 148
Kulturen werden lebendig 152
Ein Montessori-Geburtstag 156

Die beste Zeit zu lernen
Die Grundlagen des Lernens 162
Durch Schreiben lesen lernen 170
Erste Schritte zur Mathematik 176
Experimente zu Hause 180
Ist Montessori für Ihr Kind richtig? 184

Adressen und Websites 188
Register und Dank 189

Einleitung

Mein Leben lang hatte ich mit der Montessori-Welt zu tun – für mich ist Montessori ein Lebensstil.

Dieses Buch ist ein Sammelwerk meiner persönlichen Erfahrungen als kleines Kind, als Vater, als Montessori-Ausbilder und als eine Art Coach für viele Familien, die nach einem besseren Weg gesucht haben, ihre Kinder in einem Geist der Freundlichkeit, der Partnerschaft und des Respekts zu erziehen. Vieles habe ich gelernt, indem ich meine eigenen Kinder beobachtet und ihnen zugehört habe – und vieles aus meinen Fehlern.

Eltern sein ist ein Vollzeitjob. Früher war es scheinbar ganz einfach, eine Familie zu sein. Die Mutter blieb zu Hause und kümmerte sich um die Kinder, der Vater ging zur Arbeit. Die Kinder waren in der Regel gehorsam, und sei es nur, weil ihre Eltern sie bei Vergehen hart bestraften.

Heute ist es anders. In vielen Familien ist die Mutter den ganzen Tag über nicht zu Hause. Vielleicht macht sie Karriere oder betreibt ein Geschäft, oder sie arbeitet, einfach damit die Familie über die Runden kommt. Schon kleine Kinder werden in einer Krippe oder bei Tagesmüttern betreut. Viele Mütter – und manche Väter – müssen als Alleinerziehende die Verantwortung im Beruf mit der Kindererziehung vereinbaren.

Unterdessen erfahren wir in Zeitungen, Magazinen und Fernsehsendungen, wie wichtig die richtige Umgebung und die frühen Erfahrungen für Babys, Kleinkinder und Kindergartenkinder sind. Wir wissen, dass das Gehirn eines

Kindes darauf programmiert ist zu lernen und von klein auf angeregt werden muss. Nun müssen wir uns zu all unseren Schuldgefühlen auch noch darum sorgen, ob wir gute Lehrer für die frühe Bildung unserer Kinder sind.

Die meisten Eltern möchten ihren Kindern im Rahmen ihrer persönlichen Mittel und zeitlichen Möglichkeiten die bestmögliche häusliche Umgebung schaffen. Wenn Sie ein kleines Kind haben und für eine neue Perspektive und praktische Vorschläge offen sind, dann ist dieses Buch das Richtige für Sie! Nicht jeder Lehrer ist auch eine Bezugsperson, doch jede Bezugsperson ist auch ein Lehrer! Für die Eltern gilt das in besonderem Maße. Unsere Mission besteht nicht einfach darin, unsere Kinder zu ernähren, zu umsorgen und zu beschützen. Wir müssen sie auch lehren, unabhängige, selbstbewusste, erfolgreiche Erwachsene zu werden, die ein glückliches und erfülltes Leben führen können.

Ich hoffe, dieses Buch wird Sie ermutigen, Ihre Zeit mit Ihrem Kind in besonderer Weise zu genießen. Es bietet nicht nur Ideen für gemeinsame Aktivitäten, sondern hat die Botschaft, dass das Leben ein Fest sein kann. Es kommt auf die kleinen alltäglichen Dinge an, mit denen wir besondere Anlässe begehen und uns gegenseitig unsere Liebe zeigen können. Sie schaffen eine ganz besondere Atmosphäre, sowohl für Ihr Kind als auch in Ihrem Leben als Mutter oder Vater.

Tim Seldin

Tim Seldin
Präsident der amerikanischen Montessori-Vereinigung

»Nicht jeder Lehrer ist auch eine Bezugsperson, doch jede Bezugsperson ist auch ein Lehrer«

KAPITEL
EINS

Warum Montessori?

Höhen und Tiefen des Elternseins

Kinder sind ein wunderbares Geschenk – doch in unserer modernen Welt Kinder zu erziehen bedeutet eine große Aufgabe.

Ein Bund fürs Leben Vom Augenblick der Geburt an sind unsere Kinder der Mittelpunkt unseres Lebens.

Die Beziehung zu unseren Kindern entsteht schon vor ihrer Geburt und dauert unser ganzes Leben an. Über die Jahre hinweg begleiten wir sie, wenn sie das erste Mal lächeln, krabbeln lernen, die ersten Wörter sprechen, ihre ersten Schritte machen, und gemeinsam erleben wir die Meilensteine auf ihrem Weg in die Erwachsenenwelt.

Das Leben mit Kindern ist nicht immer einfach. Schlaflose Nächte, Krankheiten, Trotzanfälle, Geschwisterstreit sind nur einige der vielen Herausforderungen des Elternseins. Unsere älteren Kinder lernen schnell, wie sie uns ärgern können und wie sie uns am besten manipulieren, um ihren Willen durchzusetzen. Manchmal wissen wir einfach nicht mehr weiter und könnten gar verzweifeln.

Viele Eltern wissen heute nicht so recht, wie man in dieser modernen Welt Kinder zu liebenswerten Menschen erziehen kann. Ständig sehen und hören unsere Kinder, wie andere Kinder zu ihren Eltern frech sind, auf dem Spielplatz streiten und Schimpfwörter austeilen. Elternratgeber gibt es im Überfluss, doch viele Ratschläge zeigen kaum Wirkung. Ein Grund dafür ist, dass die Ratschläge nach Art eines Kochbuchs erteilt werden. Es gibt detaillierte Vorschläge, was in einer bestimmten Situation zu tun ist, statt eine umfassende Methode des Elternseins zu vermitteln.

Ein anderer Ansatz Mein Leben wurde von der Arbeit einer einzigartigen Frau tief beeinflusst: Maria Montessori. Als Kind ging ich auf eine wunderbare Schule, die von ihrer Arbeit inspiriert war, und als Erwachsener durfte ich in dieser Schule unterrichten und sie später 25 Jahre lang leiten. Maria Montessoris Botschaft und die Einsichten und praktischen Strategien, die sie lehrte, haben Hunderttausende, wenn nicht Millionen Eltern und Kinder auf der Welt beeinflusst.

Montessoris Prinzipien für die Arbeit mit Kindern basieren auf einem ganzheitlichen Ansatz, der bei der Geburt beginnt (bzw. so früh wie möglich) und sich über die Jahre, in denen das Kind reifer wird, erstreckt. Diese Methode hat den Vorteil, dass sie bei ganz unterschiedlichen Kindern funktioniert. Die Montessori-Methode ist gleichsam ein Erziehungssystem, das sich in den vergangenen 100 Jahren bewährt hat und das als Ganzes oder in Teilen übernommen werden kann. Versuchen Sie es – bestimmt stellen Sie fest, dass die Montessori-Methode auch bei Ihnen gute Dienste leistet!

Dazu brauchen Sie weder eine Montessori-Ausbildung noch müssen Sie zu Hause eine Montessori-Schule einrichten. Es genügt, möglichst viele Vorschläge aus diesem Buch zu übernehmen, um als Eltern kompetenter und wirksamer zu erziehen und zu Hause ein Klima voller Wärme, Liebe, Freundlichkeit und Respekt zu schaffen.

Unterwegs Elternsein ist anstrengend, aber lohnend – die ganze Kindheit über.

Was ist Montessori?

Vor hundert Jahren entwickelte eine junge Italienerin eine neue Erziehungs- und Lernmethode, die auf Ermutigung und Achtung gründet.

Maria Montessori wurde 1870 in Italien geboren, einem Land, das zu dieser Zeit Frauen gegenüber eine besonders konservative Einstellung hatte. Trotz vieler Hindernisse war Montessori die erste Italienerin, die Ärztin wurde. Sie arbeitete zunächst in der Kinderabteilung der psychiatrischen Universitätsklinik in Rom und leitete dann eine staatliche Hilfsschule für geistig zurückgebliebene Kinder. Dadurch kam sie in häufigen Kontakt mit den Kindern der Armen. Durch ihre Arbeit gewann sie die Überzeugung, dass alle Kinder mit einem erstaunlichen menschlichen Potenzial geboren werden, das sich nur entwickeln kann, wenn Erwachsene ihnen in den ersten Lebensjahren die richtige Anregung geben.

1907 übernahm sie die Leitung der Vorschule in San Lorenzo und übertrug ihre Methode mit viel Erfolg auf sehr junge sowie »normal begabte« Kinder. Diese Schule lag in den schlimmsten Slums von Rom und wurde ihr erstes »Kinderhaus«. Viele Kinder waren aggressiv, unruhig oder ungezogen.

Montessori brachte ältere Kinder dazu, bei Alltagsarbeiten zu helfen. Zu ihrem Erstaunen waren Drei- und Vierjährige begeistert, praktische Fähigkeiten zu erlernen. Bald übernahmen sie Verantwortung, halfen beim Zubereiten der Mahlzeiten und beim Sauberhalten der Schule. Und sie erwarben Anstand und Höflichkeit.

Die Welt des Kindes

Montessori erkannte, dass kleine Kinder in einer auf Erwachsene abgestimmten Welt Frustration empfinden, und so besorgte sie kleine Becher und Schüsseln und Messer, die problemlos in Kinderhände passten. Schreiner fertigten Tische und Stühle in Kindergröße an, die so leicht waren, dass die Kinder sie ohne Hilfe der Erwachsenen tragen konnten. Die Kinder saßen gern auf dem Boden, und so gab sie ihnen kleine Teppiche, um sich Arbeitsbereiche zu schaffen, und die Kinder lernten bald, um die »Teppichinseln« herumzugehen, statt einander in ihrem Tun zu stören.

Nachdem sie unzählige Stunden damit verbracht hatte, die Kinder zu beobachten und mit ihnen zu kommunizieren, kam Montessori zu dem Schluss, dass Kinder verschiedene Entwicklungsstadien (siehe Seite 14ff.) durchlaufen, die jeweils von bestimmten Neigungen, Interessen und Denkweisen bestimmt sind. Sie fand heraus, dass Kinder in jeder Entwicklungsphase ihre eigene Logik haben, bestimmte Aktivitäten bevorzugen und natürliche Verhaltenstendenzen zeigen.

Ein Neubeginn Die italienische Ärztin Maria Montessori begründete eine neue Methode der Kindererziehung.

Sie beobachtete, wie Kinder auf eine ruhige und geordnete Umgebung ansprachen, in der alles seinen festen Platz hat. Sie sah, wie die Kinder lernten, ihre Bewegungen zu kontrollieren, und bemerkte ihren Ärger, wenn die Ruhe gestört wurde. Sie gab ihnen Gelegenheit, Selbstständigkeit zu entwickeln, und erkannte ihre zunehmende Selbstachtung und ihr Selbstvertrauen, als sie angeleitet und ermutigt wurden, Dinge selbst zu tun.

Internationales Interesse

Das erste Kinderhaus erhielt sofort große Anerkennung und auf der ganzen Welt entstand Interesse. Als international anerkannte Wissenschaftlerin verfügte Maria Montessori über eine besondere Glaubwürdigkeit und weckte das Interesse von Politikern und Wissenschaftlern, Gewerkschaftlern und Fabrikbesitzern, Lehrern und Müttern. Sie gab ihre Arztpraxis auf und widmete sich ausschließlich der Verbreitung der Montessori-Schulen auf der ganzen Welt.

Montessoris Werk lebt heute weiter. Ihr Konzept kann in beinahe jeder Situation angewandt werden. Viele Menschen schätzen das ruhige, verantwortungsbewusste Verhalten der Montessori-Schüler sowie ihre Liebe zum Lernen. Andere rühmen die Freiheit, Spontaneität und Unabhängigkeit, die die Montessori-Methode kleinen Kindern schenkt.

Sensible Phasen des Lernens

Kinder durchlaufen »sensible Phasen«, in denen sie besonders aufnahmefähig sind; oft ist dies eine einmalige Chance.

»Während einer sensiblen Phase werden Kinder von bestimmten Dingen gefesselt«

Montessori erkannte, dass Kinder bestimmte Phasen durchlaufen, in denen sie besondere Neugierde und intellektuelles Interesse zeigen – sie nannte sie »sensible Phasen«. In dieser Zeit werden sie von bestimmten Aspekten ihrer Umgebung gefesselt und völlig beansprucht.

Montessori identifizierte mehrere sensible Phasen von der Geburt bis zum sechsten Lebensjahr (siehe Seite 16 f.). Jede bezieht sich auf eine gesteigerte Aufnahmebereitschaft, die Kinder besonders empfänglich macht, bestimmte Fähigkeiten zu erwerben. So sind Kinder zum Beispiel in den ersten Lebensjahren in der sensiblen Phase des Spracherwerbs. Sie achten aufmerksam darauf, was wir sagen und wie wir es sagen, und schon bald sprechen sie die gleiche Sprache wie wir, mit einem ähnlichen Akzent.

Wenn Eltern und Lehrer die sensiblen Phasen, die Kinder durchlaufen, erkennen und nutzen, können sie die Kinder wirksamer beim Lernen und in ihrer gesamten Entwicklung unterstützen.

Jede sensible Phase entspricht einer Art innerem Zwang, der kleine Kinder dazu bewegt, sich bewusst einem besonderen Aspekt ihrer Umgebung zuzuwenden, Tag für Tag, ohne zu ermüden oder sich zu langweilen. Es handelt sich dabei eindeutig um einen »eingespeicherten«, biologischen Mechanismus, der Kindern hilft, Fähigkeiten und

Talente zu entwickeln, die fester Bestandteil unseres biologischen Erbes als Menschen sind. Natürlich können sich Anfang und Ende jeder sensiblen Phase von Kind zu Kind unterscheiden, daher müssen wir unsere Kinder individuell genau beobachten und auf sie reagieren. Diese Lernprozesse bilden die Grundlage, auf der das Kind sein weiteres Wissen aufbauen wird.

Zeit zu lernen Erhalten Kinder zum richtigen Zeitpunkt die richtige Anregung, können sie beinahe unbewusst lernen.

Vorübergehende Chance

Während einer sensiblen Phase können Kinder mühelos Neues lernen. Sensible Phasen sind jedoch von vorübergehender Dauer. Sobald Kinder die Fertigkeit oder das Konzept, mit dem sie sich beschäftigt haben, beherrschen, scheint die sensible Phase beendet zu sein. Wenn Kinder also zur »richtigen« Zeit nicht die »richtigen« Erfahrungen machen können und entsprechende Anregungen erhalten, verstreicht die Gelegenheit zum Lernen. Die entsprechenden Fähigkeiten können zwar immer noch erlernt werden, doch nun erfordert es Jahre harter Arbeit und Übung. Aus diesem Grunde ist es zum Beispiel für zwei-, dreijährige Kinder relativ einfach, eine oder mehrere Sprachen zu erlernen, für Erwachsene dagegen viel schwieriger.

Sensible Phasen (Geburt bis sechs Jahre)

Bewegung (Geburt bis 1 Jahr) Die zufälligen Bewegungen Ihres Babys werden koordiniert und kontrolliert, wenn es greifen, tasten, sich drehen, balancieren, krabbeln und gehen lernt.

Sprache (Geburt bis 6 Jahre) Ausgehend von kleinen Schreien und Lautbildungen schreitet der Spracherwerb vom Plappern zu Worten, Satzteilen und schließlich Sätzen voran.

Kleine Gegenstände (1 bis 4 Jahre) Wenn die Augen-Hand-Koordination ausreift, ist Ihr Kind fasziniert von kleinen Gegenständen und winzigen Details.

Ordnung (2 bis 4 Jahre) Alles muss seinen Platz haben. In dieser Phase liebt Ihr Kind Routine und es hat den Wunsch nach Beständigkeit und Wiederholung.

Musik (2 bis 6 Jahre) Wenn Musik zu seinem Alltag gehört, wird Ihr Kind spontanes Interesse an der Erzeugung von Tönen, Rhythmen und Melodien entwickeln.

Sauberkeit (18 Monate bis 3 Jahre) Sobald sein Nervensystem weiter entwickelt ist, lernt Ihr Kind, Blase und Darm zu kontrollieren.

Sensible Phasen des Lernens

Anstand und Höflichkeit (2 bis 6 Jahre) Ihr Kind imitiert gern höfliches und vernünftiges Verhalten, was zu einer Verinnerlichung dieser Eigenschaften führt.

Sinne (2 bis 6 Jahre) Die Erziehung der Sinne beginnt bei der Geburt; ab dem zweiten Lebensjahr liebt das Kind Sinnesexperimente (Geschmack, Geräusch, Berührung und Geruch).

Schreiben (3 bis 4 Jahre) Montessori entdeckte, dass das Schreiben dem Lesen vorausgeht und mit Versuchen, Buchstaben und Zahlen mit Bleistift nachzuzeichnen, beginnt.

Lesen (3 bis 5 Jahre) Kinder zeigen ein spontanes Interesse an Symbolen und den Lauten, die sie darstellen – bald »lesen« sie Wörter.

Räumliche Beziehungen (4 bis 6 Jahre) Sobald Ihr Kind ein Verständnis räumlicher Beziehungen entwickelt, kann es komplexere Puzzles legen.

Mathematik (4 bis 6 Jahre) Montessori fand Wege, Kindern in der sensiblen Phase für Zahlen und Mengen eine konkrete Erfahrung der Mathematik zu vermitteln.

AKTIV SEIN

Die Montessori-Schulen

Die Montessori-Idee ist höchst aktuell und wird in Schulen auf der ganzen Welt umgesetzt.

Kinder, die mit Achtung behandelt und dazu angeregt werden, Neues zu erproben, werden in vielen Bereichen sehr selbstständig. Maria Montessori lehrte, dass ein Kind, das sich geachtet und kompetent fühlt, weit mehr emotionales Wohlbefinden entwickelt als ein Kind, das verhätschelt wird.

Montessori-Lehrer teilen die Überzeugung, dass schulischer Erfolg direkt mit dem Glauben des Kindes an seine Fähigkeiten und seine Selbstständigkeit verknüpft ist. Kleinen Kindern wird gezeigt, wie man Flüssigkeiten umschüttet, Briefe schreibt und Mengen schätzt. Ältere Kinder lehrt man Forschungs- und Schreibtechniken. Wenn Kinder Selbstständigkeit erwerben, gewinnen sie die Grundlage für eine dauerhaft positive Arbeitshaltung, für Selbstdisziplin und Verantwortungsgefühl.

Bereit zur Arbeit Wenn Kinder sich auf dem Boden beschäftigen, schafft ein kleiner Läufer einen klar begrenzten Arbeitsbereich.

Selbstbestimmt lernen In einem Montessori-Klassenzimmer gibt es einige Grundregeln hinsichtlich Verhalten und Ordnung, innerhalb derer Kinder ihre Beschäftigung frei wählen und ihr so lange nachgehen können, wie sie wollen. Sie können sich frei bewegen und nach Wunsch allein oder mit anderen arbeiten. Natürlich leiten Lehrer sie an, auch Aktivitäten zu wählen, die neue Anforderungen stellen. Wenn sie eine Beschäftigung

Sauber und ordentlich Das Montessori-Klassenzimmer fördert den Sinn für Ordnung, der Kinder befähigt, Selbstdisziplin und Selbstständigkeit zu erwerben.

abgeschlossen haben, wird erwartet, dass sie die Materialien wieder dorthin zurückbringen, wo sie hingehören. Den Schülern wird beigebracht, wie sie in ihrer Gruppe in positiver Weise miteinander umgehen, und sie entwickeln dabei Sozialverhalten und Selbstständigkeit.

Solche Richtlinien können zu Hause problemlos übernommen werden. Wenn Sie Ihre Kinder in einem geordneten Raum frei spielen lassen, werden ihr Selbstvertrauen und ihre Selbstständigkeit aufblühen.

Zuknöpfen Das Üben an einem Anziehrahmen hilft Kindern, neue Fähigkeiten zu erwerben, damit sie sich bald selbst anziehen können.

Schuhe putzen Mit Freude polieren Kinder Messing und Silber und bürsten auch bald ihre eigenen Schuhe, bis sie glänzen.

Eingießen lernen Mit kleinen Krügen, passend für Kinderhände, bringt man ihnen das Eingießen bei.

Buchstaben lernen Kinder lernen über das Gehör lesen. Sie setzen Wörter und Sätze mit dem »Beweglichen Alphabet« zusammen.

Schreiben Um die Augen-Hand-Koordination zu verfeinern, ziehen Kinder Linien auf Papier.

Sinnesmaterial Unterschiedlich große Holzzylinder ermöglichen Kindern, ihre Sinne und die Wahrnehmung zu schärfen.

Von Anfang an

Babys sind von Geburt an neugierig, kreativ und intelligent. Bereichern Sie die Welt Ihres Kindes, damit es sein Potenzial verwirklichen kann.

Absorbierender Geist Vom Augenblick der Geburt an reagieren Kinder und sind empfänglich für alle Aspekte ihrer Umgebung.

Natürlich sind Babys in vieler Hinsicht anders als Erwachsene; gleichwohl ist jedes Baby ein vollständiges, vollwertiges menschliches Wesen, das mit uns lebt und jeden Anblick, jedes Geräusch, jeden Geruch und jede Berührung, die es erlebt, in sein Gedächtnis aufnimmt. Nur wenn uns Eltern das bewusst ist, können wir verstehen, welchen Eindruck wir vom Augenblick der Geburt an, während der ersten Tage, Monate und Jahre bei unseren Kindern durch unser Verhalten, unsere Worte und die Umgebung, die wir ihnen schaffen, hinterlassen.

Eine sanfte Geburt

Bis vor gar nicht so langer Zeit – und teilweise noch heute – wurden Babys im Krankenhaus in großen Kreißsälen geboren. Nach neun Monaten in einer warmen, behaglichen, dunklen Umgebung im Bauch ihrer Mutter, wo sie nur gedämpfte Geräusche wahrnahmen, erlebten Babys das Trauma der Geburt. Sie fanden sich in einem hell erleuchteten, lauten Raum wieder; es war kühl und sie wurden rau angefasst. Heute kann man sich schwerlich vorstellen, dass ein Neugeborenes an einem Bein kopfüber gehalten wird und der Arzt ihm einen Schlag auf den Po gibt, damit es atmet. Und danach wurde sogleich die Nabelschnur durchtrennt und das Baby gewaschen.

Von **Anfang an** 23

Eine wunderbare Reise Hinter jedem körperlichen Meilenstein steht das Bedürfnis nach neuen Erfahrungen.

»Babys nehmen jeden Anblick, jedes Geräusch, jeden Geruch und jede Berührung auf, die sie erfahren«

Heute begleiten, zum Teil auch dank Montessoris Einfluss, in aller Regel einfühlsame Geburtshelfer den Prozess der Geburt. Moderne Geburtshäuser und Kliniken verfügen über angenehme, gut temperierte Geburtszimmer mit gedämpftem Licht, leiser Musik und einer ruhigen Atmosphäre. Nach der Geburt wird das Neugeborene auf den Bauch der Mutter gelegt. Dort kann es sich ausruhen und eine erste Beziehung herstellen, bevor es untersucht wird. Außer in Notfällen geht alles einen ruhigen Gang.

Die Bindung zu Ihrem Neugeborenen In den ersten Stunden nach der Geburt besteht eine sensible Phase, in der Babys eine besonders enge Bindung zu ihren Eltern eingehen. Laut Dr. Silvana Montanaro von der internationalen Montessori-Vereinigung haben »Forschungen gezeigt, dass das Ausmaß und die Qualität der Versorgung, die die Mutter dem Kind zukommen lässt, stark von der Art und Weise bestimmt sind, wie sie die ersten Tage nach der Geburt miteinander verbracht haben«.

»In den ersten Stunden nach der Geburt besteht eine sensible Phase, in der Babys eine enge Bindung zu den Eltern eingehen«

Diese Bindung basiert auf dem Körperkontakt, der erlebt wird, wenn das Baby von den Eltern berührt und gestreichelt wird, und sie wird schnell zur emotionalen Bindung, die jede gesunde Beziehung zwischen Eltern und Kindern ausmacht. Es ist eine zweiseitige Bindung. Das Baby fühlt sich in den Armen seiner Eltern sicher und prägt sich dauerhaft ihr Gesicht, ihren Geruch und den Klang ihrer Stimme ein; gleichzeitig verlieben sich die Eltern in aller Regel Hals über Kopf in ihr Kind, was ihnen in den ersten Monaten sehr hilft, wenn sie unter Schlafmangel leiden und sich ans Elternsein gewöhnen müssen.

Beide Eltern sollten abwechselnd ihr Neugeborenes halten und liebkosen, um sicherzustellen, dass sich zu beiden ein enges Band bildet. Streicheln Sie Ihr Baby sanft, während es auf Ihrem Schoß liegt, oder halten Sie es gegen Ihre nackte Brust, um Hautkontakt herzustellen.

Beinahe alle Babys, und insbesondere Frühgeborene oder Babys, die medizinisch versorgt werden müssen, reagieren hervorragend auf eine sanfte Babymassage. Eine Massage entspannt Ihr Baby und verstärkt den Bindungsprozess. Sie trägt auch zu einem ruhigen Schlaf und guter Verdauung bei. Es gibt viele Bücher und Videos, die Ihnen zeigen, wie Sie Ihr Baby richtig massieren.

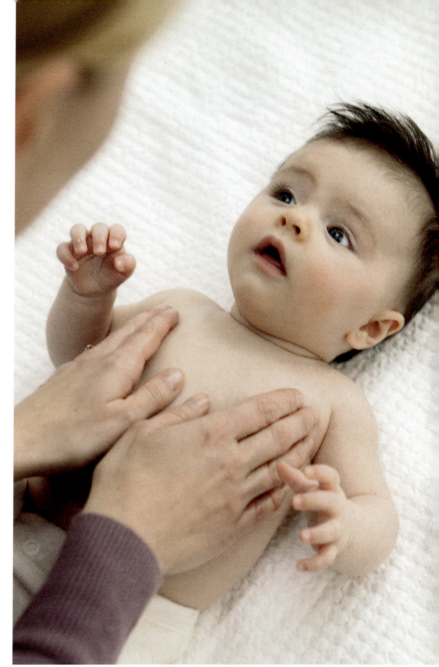

Beruhigen Gurren, Singen, Sprechen mit verstellter Stimme fesseln Babys Aufmerksamkeit. Das Rezitieren von Gedichten oder Kinderreimen, das Singen von Schlafliedern oder lautes Lesen, während Sie sich in einem Schaukelstuhl sanft wiegen, sind die besten Möglichkeiten, ein schreiendes Baby zu beruhigen.

Manche Babys werden rasch unruhig und schreien, während andere nur schwer einschlafen oder besonders empfindlich auf Berührung, Licht oder Geräusche reagieren. Machen Sie sich keine Sorgen, wenn Ihr Baby auf diese Weise reagiert. Bemühen Sie sich einfach weiterhin, Ihre Beziehung aufzubauen – berühren Sie Ihr Baby sanft, sprechen Sie leise mit ihm, halten Sie den Geräuschpegel niedrig und dämpfen Sie das Licht. Mit der Zeit wird es sich an seine Umgebung anpassen und sich an diese seltsame neue Welt, in der es sich plötzlich wiederfindet, gewöhnen.

Babymassage Eine sanfte Massage hilft Ihrem Baby zu entspannen und fördert den Bindungsprozess.

Papa ist dran Wenn Väter abgepumpte Milch aus einem Fläschchen füttern, können sie sich auch an den Mahlzeiten des Babys beteiligen.

Muttermilch ist das Beste Stillen ist weithin als beste Ernährungsform für Babys anerkannt.

Die beste Nahrung

Der Boom der Fläschchennahrung etwa ab den 1960er-Jahren hat das Stillen in vielen Teilen der Erde für mehrere Jahrzehnte aus der Mode gebracht. Heute wird das Stillen dank der Aufklärung über die Vorteile der Muttermilch und Kampagnen von Stillgruppen wie der La Lèche Liga wieder als beste Nahrungsquelle für Babys anerkannt und ist weit verbreitet. Auch die Weltgesundheitsorganisation tritt nachdrücklich dafür ein.

Ich rate jeder Mutter dringend, ihr Kind wenn irgend möglich zu stillen. Muttermilch hat so viele Vorteile: sie ist leicht verdaulich, liefert die idealen Nährstoffe in richtiger Zusammensetzung und enthält Antikörper, die dem Neugeborenen einen Schutz vor Infektion und Krankheiten verleihen. Ebenso wichtig ist, dass der Stillprozess die Bindung zwischen Mutter und Kind stärkt. Auch Väter können daran teilhaben, wenn sie abgepumpte Milch aus einer Flasche füttern. Wenn Sie nicht stillen können, stärken Sie Ihre Beziehung, indem Sie Ihr Baby beim Füttern eng an Ihren Körper halten, in seine Augen blicken und ruhig mit ihm sprechen.

Hautkontakt Die Haut eines Babys ist unglaublich empfindlich. Windeln und Kleidung sollten daher aus feinster natürlicher Baumwolle oder anderem Naturmaterial bestehen, um Hautreizungen zu vermeiden. Wählen Sie sauber gearbeitete Kleidung und verzichten Sie auf Kleidungsstücke aus synthetischen Stoffen. Denken Sie daran: Wichtig ist, dass die Kleidung bequem und angenehm für Ihr Baby ist, nicht, dass es süß und nett darin aussieht.

Hautreizungen können auch entstehen, wenn sich Babys in den ersten Monaten selbst kratzen, weil sie beginnen, mit den Händen ihren Körper zu erforschen. Halten Sie die Fingernägel Ihres Babys kurz, um Verletzungen zu vermeiden. Später wird Ihr Baby seine Füße untersuchen, halten Sie dann auch die Zehennägel kurz.

Viele Säuglinge mögen es, gelegentlich fest eingepackt zu sein. Wenn Ihr Baby jedoch älter wird und sich dreht, krabbelt, sich hochzieht und zu laufen beginnt, ist es am besten, auch die Füße zu Hause nackt zu lassen, damit es sich frei bewegen und alles erforschen kann.

Babykleidung Die Kleidung Ihres Babys sollte aus Naturmaterialien bestehen, damit keine Hautreizungen auftreten.

Verzichten Sie auf Wegwerfwindeln Weiche Baumwollwindeln sind sanfter zu Babys Haut.

Welche Windeln?
Am besten ist es, von Geburt an weiche Baumwollwindeln statt der heute üblichen Wegwerfwindeln zu verwenden. Drei gute Gründe wiegen die zusätzliche Arbeit des Windelwaschens bzw. die Ausgaben für einen Windeldienst auf: Erstens belasten die Unmengen an Wegwerfwindeln, die nur langsam verrotten, die Umwelt. Zweitens reizt naturbelassene Baumwolle Babys Haut bedeutend weniger; und drittens spüren es Babys in Baumwollwindeln viel besser, wenn sie nass sind, und es wird ihnen bewusst, wenn sie Wasser lassen. Dieser Punkt ist wichtig, wenn das Kind von der Entwicklung her so weit ist, dass man mit der Sauberkeitserziehung beginnen kann (siehe Seite 90 f.).

Schlafbedürfnis
Säuglinge schlafen ziemlich viel. Wie Erwachsene schlafen sie, um ihren Körper auszuruhen und dem Geist die Möglichkeit zu geben, die Sinneseindrücke und Erfahrungen des Tages zu verarbeiten. Schlaf ist für Säuglinge sowohl für das körperliche Wohlbefinden als auch für die mentale Gesundheit wichtig. Babys schlummern problemlos ein, wenn sie müde sind oder von Sinneseindrücken überwältigt werden. Bis vor kurzem noch lebte Ihr Baby in Ihrem Bauch: in einer warmen, gemütlichen, dämmrigen Welt mit gedämpften Geräuschen und ohne harte Kanten. Nun ist seine Welt hell, laut, es ist unerwarteten Bewegungen und seltsamen Dingen, die seine Haut berühren, ausgesetzt. Es ist verständlich, dass ihm manchmal alles zu viel wird und es abschaltet und einschläft.

Ihr Baby muss zum Einschlafen nicht getragen werden. Vielleicht mag es aber in Ihrer Nähe sein. Sie können für Ihr Baby eine Decke oder eine Babymatratze in jedes Zimmer legen, in dem sich Ihre Familie regelmäßig aufhält. Auf diese Weise kann Ihr Baby dort sein, wo sich das Leben abspielt. Es fühlt sich sicher, wenn es in Ihrer Nähe ist, Ihre Stimmen hört und das Familienleben beobachtet. Und wenn es müde ist, kann es einfach einschlafen.

»Ein schlafendes Baby soll man nicht aufwecken« ist ein alter Ratschlag, der seit Generationen weitergegeben wird. Und er ist sinnvoll! Lassen Sie Ihr Baby schlafen. Bewegen Sie es nur sanft, wenn es schläft, dämpfen Sie das Licht und sprechen Sie leise.

Immer dabei Wenn Ihr Baby auf einem Schaffell liegt, kann es am Familienleben teilhaben und doch einschlafen, wenn es müde ist.

Ihr Baby wächst heran

Im ersten Lebensjahr wächst und verändert sich Ihr Baby rasch. Nehmen Sie sich die Zeit, um sich über jede neue Entwicklung zu freuen.

Eine neue Entdeckung Die Hände werden schnell zum bevorzugten Interessengebiet und werden vom Baby ausgiebig untersucht.

Maria Montessori hatte eine einfache Einstellung zu Babys. Sie glaubte, wir sollten:
- alle Babys als menschliche Wesen respektieren
- ihnen so viel Bewegungsfreiheit wie möglich erlauben
- ihnen helfen, selbstständig zu werden, indem wir eine sichere, kinderfreundliche Umgebung schaffen, in der sie den Alltag erforschen können.

Im ersten Lebensmonat können Babys ihre Bewegungen noch nicht bewusst steuern. Arme und Beine bewegen sich ruckartig. Sie können den Kopf nicht aufrecht halten, und deshalb müssen wir ihn immer sorgfältig abstützen. Doch dann, scheinbar urplötzlich, entdecken sie ihre Hände, Füße und ihr Gesicht und sind fasziniert davon.

Mit drei Monaten können viele Babys in der Bauchlage Kopf und Brust anheben. Sie greifen nach herabhängenden Gegenständen und hantieren mit erstem Spielzeug. Mit sieben Monaten spielen sie mit ihren Zehen und greifen nach Gegenständen. Nun wandert alles in ihren Mund oder wird auf den Boden geworfen. Mit ein wenig Unterstützung können sie sitzen. Dann krabbeln sie gewöhnlich auf Händen und Füßen und können sich etwa am ersten Geburtstag in den Stand hochziehen. Manche können schon ein paar Schritte machen, wenn sie sich an Möbelstücken festhalten.

Ihr Baby **wächst heran** 31

Im zweiten Jahr werden Babys zunehmend mobil und lernen immer mehr. Sie werden die Anzeichen erkennen, wenn das Ihrem Kind innewohnende Streben nach Selbstständigkeit immer offenkundiger wird. Es wird zum Beispiel eine Tasse selber halten und daraus trinken, ohne zu kleckern. Es wird einen Arm oder ein Bein ausstrecken, wenn Sie es anziehen. Noch bevor Ihr Baby beginnt, sich im Haus selbstständig zu bewegen, werden Sie erkennen, wie wichtig es ist, Ihre häusliche Umgebung kindersicher zu machen.

Bereit zur Aktion Bald kann sich Ihr Baby seitwärts rollen und wird zunehmend mobil.

Ein kindgerechtes Heim

Schon in den ersten Tagen sollten Babys spüren, dass sie zur Familie gehören und zu Hause ihren festen Platz haben.

In der richtigen Größe Dank kindgerechter Möbel fühlt sich Ihr Kind in einer auf Erwachsene abgestimmten Welt wohl.

Wie können wir zu Hause Maria Montessoris Konzept umsetzen? Zunächst müssen wir uns darüber im Klaren sein, welch große Bedeutung die Dinge haben, von denen unsere Kinder vor allem in ihren ersten drei Lebensjahren umgeben sind. Ein junger Geist nimmt alle Eindrücke wie ein Schwamm auf; in dieser frühen Phase vor der Entwicklung der Sprache bilden die Sinneseindrücke die ganze Welt des Babys. Beachten Sie aus diesem Grund folgende zwei wichtige Punkte:

• Organisieren Sie Ihr Zuhause so, dass Ihr Kind selbstständig und selbstbewusst werden kann, und haben Sie dabei immer sein Wohlergehen und seine Sicherheit im Blick.

• Gestalten Sie Ihr Heim so, dass es den Sinn für Schönheit und Ordnung fördert.

Betrachten Sie einmal die Größe Ihrer Einrichtungsgegenstände. Natürlich sind unsere Möbel und die Art der Einrichtung in erster Linie für Erwachsene gedacht – Waschbecken und Toiletten, Tische, Stühle, Sofas und Betten sind auf die Größe Erwachsener abgestimmt. Doch Babys und Kleinkinder sind sehr klein. Versuchen Sie, ohne Ihre Wohnung völlig umzugestalten, die Räume, in denen sich das Familienleben abspielt, auf Ihr jüngstes Kind abzustimmen.

Bewegungsfreiheit Kleinkinder lernen, indem sie die Umgebung erforschen. In einer kindersicheren Umgebung kann Ihr Kind das ungefährdet tun.

Sicherheit Der Sicherheit muss immer höchste Priorität zukommen, doch Kinder müssen auch Freiheit haben, um sich zu bewegen und die Umgebung zu erforschen. Ziel ist es, die Wohnung so sicher zu machen, dass Babys und Kleinkinder unter Ihrer Aufsicht alles erkunden können und Sie sich nicht ständig sorgen müssen, dass etwas Schlimmes passiert. Viele Eltern sind übermäßig um die Sicherheit besorgt, was sie veranlasst, ihre kleinen Kinder in Laufställe und Babysitze zu verbannen.

Natürlich müssen Kinder vor Gefahren geschützt werden, doch jede Stunde, die ein Baby in einen Babysitz oder eine Babytragetasche verbannt ist, bedeutet eine verlorene Gelegenheit. Mit etwas Freiheit hätte Ihr Baby beim Strampeln Muskelkraft und Koordinationsvermögen erwerben können und beim Hantieren mit den Händen sensorische Anregungen erfahren, die die Grundlage des Lernens bilden. Bemühen Sie sich, Ihre Wohnung kindersicher zu machen, um eine Umgebung zu schaffen, in der Ihr Kind sich frei bewegen und alles untersuchen kann, ohne dass Sie sich Sorgen machen müssen.

Sicherheits-Vorkehrungen

Es gibt viele verschiedene Sicherheitsartikel auf dem Markt, mit denen man die Wohnung kindersicher machen kann. Hier finden Sie nur einige Punkte, an die Sie denken sollten:

- **Decken Sie alle Steckdosen** in Reichweite Ihres Kindes ab.
- **Bringen Sie Absperrgitter an,** um das Schlafzimmer Ihres Kindes sowie Treppen und Räume, die Ihr Kind nicht betreten (oder verlassen) soll, zu versperren.
- **Sichern oder entfernen Sie Kabel,** die über dem Boden oder in Reichweite Ihres Kindes verlaufen.
- **Manche Zimmerpflanzen sind giftig.** Entfernen Sie sie.
- **Verschließen Sie Schubladen und Schränke,** in denen Sie Chemikalien, Handwerkszeug, Messer, Gabeln und andere gefährliche Dinge aufbewahren.
- **Sichern Sie Ihren Herd** durch ein Herdschutzgitter. Drehen Sie Topfgriffe beim Kochen nach hinten.
- **Das Badezimmer birgt Gefahren** (Toilette, Föhn, Rasierapparat usw.). Sichern Sie Ihr Badezimmer vor Erkundungsgängen und halten Sie den Medizinschrank immer verschlossen.

Liebevoll gestaltet: das Kinderzimmer

Gestalten Sie für Ihr Baby ein geordnetes Kinderzimmer, das Abwechslung bietet und ungefährdet erforscht werden kann, sobald Ihr Kind mobil wird.

Grundausstattung Das erste Kinderzimmer sollte hell und bunt sein, sauber und geordnet.

Babys nehmen alles auf, was sie in ihrer Umgebung erfahren. Sie registrieren Farben, Muster, Geräusche, Oberflächen und Düfte. Wenn Sie das erste Kinderzimmer planen, werden Sie eine Umgebung, die von schönen Dingen erfüllt ist, gestalten wollen. Sie sollte hell und bunt, sauber und ordentlich sein. Betrachten Sie unter diesem Aspekt das Kinderzimmer aus der Perspektive Ihres Babys. Setzen Sie sich auf den Boden. Was sehen Sie? Was hören Sie? In den ersten Wochen und Monaten seines Lebens ist für Ihr Baby alles unbekannt und neu und hinterlässt lebenslange Eindrücke. Stellen Sie daher Dinge zusammen, die solide und schön sind.

Visuelle Anregung

Bei der Geburt fokussiert das Baby Gegenstände, die verhältnismäßig nah sind; es nimmt aber auch weiter entfernte Dinge wahr, insbesondere, wenn sie sich bewegen. Eines der ersten Dinge, die Babys sehen und fokussieren, ist das menschliche Gesicht. Ihre Gegenwart bietet eine wesentliche visuelle Stimulation. Im Laufe der Zeit wächst Babys Interesse an den Motiven in seiner Umgebung. Hängen Sie Mobiles über sein Bett und den Wickelplatz. Selbst gemachte Mobiles, deren Objekte nach Wunsch ergänzt oder ausgetauscht werden können, ermöglichen Ihnen, immer wieder etwas Neues anzubringen.

Kunst Schmücken Sie die Wände des Kinderzimmers mit tief hängenden Bildern (in Augenhöhe des Kleinkindes). Verzichten Sie auf die typischen Cartoons und Motive aus Fernsehsendungen und Filmen. Wählen Sie gerahmte Kunstdrucke oder Poster, die liebliche Szenen mit Kindern und Tieren zeigen. Während dieser Jahre höchster Sensitivität lohnt es sich, Ihr Kind mit geschmackvoller Kunst und schönen Gegenständen in Kontakt zu bringen.

Wertvolle Musik Heute wissen viele Eltern um die Bedeutung, die Musik schon für kleine Kinder hat. Musik sollte ein wichtiger Teil jedes Kinderlebens sein. Eine einfache Stereoanlage, außer Reichweite des Kindes, und eine Auswahl an CDs, die Ihrem Baby gefallen, sind eine wertvolle Investition. Wählen Sie Musikstücke mit einfachen Melodien und klarer Instrumentierung, wie Panflöte, klassische Gitarre oder Harfe. Überreizen Sie Ihr Baby nicht mit lauter Musik – mäßige Lautstärke genügt.

Erste Eindrücke Stimulieren Sie das Sehvermögen Ihres Babys mit einem über dem Bett oder dem Wickelplatz hängenden Mobile.

Schöne Spielsachen In den ersten Monaten brauchen Babys nur wenige Spielsachen, vielleicht ein paar Rasseln und ein oder zwei Plüschtiere. Doch im Laufe der Monate wird sich immer mehr ansammeln. Überflüssig sind teure, batteriebetriebene Spielsachen, besonders für Kinder unter drei Jahren. Wählen Sie stattdessen stabiles, schönes Spielzeug, mit dem Ihr Kind kreativ umgehen kann. Verzichten Sie auf Spielzeug, das eine bestimmte Aktion ausführt, während Ihr Kind zuschaut. Sie wollen Ihr Kind anregen, aktiv und kreativ zu sein, kein passiver Beobachter, der unterhalten werden will.

Wählen Sie stabiles Holzspielzeug statt Plastiksachen, die allerorts angeboten werden. Denken Sie daran, dass Ihr noch sehr junges Kind in einer sensiblen Phase ist, in der sich starke Sinneseindrücke ausbilden.

Leicht zugänglich Ein niedriges Bett oder eine auf dem Boden liegende Matratze ermöglichen Ihrem bewegungsfreudigen Kind mehr Freiheit.

Liebevoll gestaltet: das **Kinderzimmer** 37

Platz zum Spielen Statt Ihr Baby in einen Laufstall zu verbannen, bringen Sie ein Absperrgitter im Türrahmen seines Zimmers an und schaffen so einen größeren und interessanteren Spielbereich.

Plastikspielsachen sind kaum zerbrechlich und relativ billig, aber sie sprechen Kinder nicht in der Weise an wie sorgsam hergestelltes Holzspielzeug, und sie werden von Kindern eher nachlässig behandelt. Wir wollen unseren Kindern von klein an auch einen Sinn für die Wertschätzung schöner Dinge vermitteln und in ihnen gleichzeitig einen Sinn für Ordnung wecken.

Statt in einer Spielzeugkiste bewahren Sie Spielsachen besser geordnet in Regalen auf. Für Spielsachen mit vielen kleinen Teilen gibt es Körbe.

Das Baby- und Kinderbett

Als erstes Bett für Ihr Baby ist eine Wiege oder ein Babybett geeignet. Sie können auch eine kleine Matratze auf den Boden legen. In ein niedriges Kinderbettchen kann Ihr Baby problemlos hinein- und wieder herauskrabbeln, wenn es mobil wird. Schließlich ist es viel interessanter, das Schlafzimmer frei erkunden zu können, als im Bett eingesperrt zu sein – vorausgesetzt, das Zimmer ist absolut kindersicher. Das gesamte Kinderzimmer kann ein sicherer Spielort sein, wenn Sie ein Absperrgitter am Türrahmen sowie einen Steckdosenschutz anbringen und genau überlegen, wie Sie das Kinderzimmer einrichten. Verzichten Sie im ersten Lebensjahr Ihres Kindes auf Kopfkissen und Federbetten und verwenden Sie stattdessen Decken.

Eine auf dem Boden liegende Matratze mit einem wasserdichten Überzug ist übrigens eine sichere Alternative zum üblichen Wickelplatz.

Ordentlich Packen Sie Spielsachen nicht in eine Spielzeugkiste, sondern bewahren Sie sie auf Regalen auf.

Die Wohnung »wächst« mit

Wenn Ihr Kind selbstständiger und umtriebiger wird, versuchen Sie ihm seine Aktivitäten dort zu ermöglichen, wo sich die Familie aufhält.

> »Kleine Kinder haben ein enormes Bedürfnis nach einer ordentlichen Umgebung«

Wenn man sie gewähren lässt, neigen kleine Kinder dazu, ein Chaos zu schaffen; doch sie haben auch ein enormes Bedürfnis nach einer ordentlichen Umgebung. Richten Sie die Räume, in denen sich Ihr Kind die meiste Zeit über aufhält, so ein, dass sich problemlos Ordnung und Struktur aufrechterhalten lassen. Es ist erstaunlich, welchen Einfluss dies auf die sich entwickelnde Persönlichkeit ausüben kann.

Im Wohnzimmer

In den meisten Familien ist das Wohnzimmer der Treffpunkt der Familie. Planen Sie diesen Raum im Hinblick auf Ihr Kind. Bringen Sie Regale an, auf denen es Bücher und Spielsachen ordentlich aufbewahren kann. Stellen Sie nicht zu viele Spielsachen auf einmal zur Verfügung. Teilen Sie Spielsachen in drei oder vier Sets auf: Lieblingssachen, die dauerhaft auf den Regalen bleiben, und andere, die etwa monatlich ausgewechselt werden.

Stellen Sie Ihrem Kind einen Tisch und Stühle in Kindergröße zur Verfügung, damit es basteln und werkeln kann. Kindgerechtes Mobiliar ist wichtig, damit Ihr Kind eine gute Haltung entwickelt. Stellen Sie einen Korb mit einigen kleinen Teppichen bereit, die Ihr Kind auf dem Boden auslegen kann (siehe S. 83).

Ein kinderfreundlicher Ort Leicht zugängliche Regale erlauben Kindern, eine gut strukturierte Umgebung zu bewahren.

Kleine Köche Ein Tisch in Kindergröße ermöglicht Ihrem Kind, in der Küche mit Ihnen zu arbeiten oder zu spielen.

In der Küche

Schaffen Sie nach Möglichkeit für Ihr etwa zweijähriges Kind in der Küche Platz für einen Kindertisch. In einer niedrigen Schublade bewahren Sie Gabeln, Kindermesser und Löffel auf und auf einem niedrigen Regalbrett kleine Teller, Schüsseln, Gläser und Wischtücher. Reservieren Sie das untere Fach im Kühlschrank für Ihr Kind. Hier können Sie kleine Milchflaschen, Obststücke und Zutaten, die es zur Zubereitung von Zwischenmahlzeiten benötigt, lagern. Füllen Sie Butter, Marmelade, Wurst und Aufstriche in unzerbrechliche Plastikbehälter. Schon ein zweijähriges Kind kann sich kleine Zwischenmahlzeiten zusammenstellen oder einen Becher mit einem Getränk herausholen. Ein etwas älteres Kind kann selbst Saft aus einem Krug eingießen und sich einen Snack zubereiten (siehe S. 104 f.). Auch kleine Becher mit Joghurt können in diesem Fach aufbewahrt werden.

Im Badezimmer

Nehmen Sie Ihr Badezimmer kritisch unter die Lupe und überlegen Sie, wie Sie es kindgerecht gestalten können. Ihr Kind sollte das Waschbecken erreichen, die Hähne aufdrehen und Zahnbürste und Zahnpasta allein benutzen können. Es braucht einen Platz für sein Handtuch und seinen Waschlappen. Meist stellt man einen Schemel in das Badezimmer, doch kleine, wackelige Hocker bieten keinen ausreichend sicheren, bequemen Stand für die Körperpflege. Bauen oder kaufen Sie nach Möglichkeit einen stabilen Schemel aus Holz, 15 bis 20 cm hoch, der an die Toilette und unter das Waschbecken passt.

Hochsteigen Kinder müssen das Waschbecken erreichen können – achten Sie darauf, dass der Schemel stabil ist und sicher steht.

Im Flur

Stellen Sie in der Diele ein niedriges Schuhregal auf, in das Ihre Kinder ihre Schuhe ordentlich nebeneinanderstellen können, und bringen Sie Kleiderhaken in Reichweite Ihrer Kinder an.

Im Kinderzimmer

Wenn Ihr Kind etwa zwei Jahre alt ist, kann es entweder weiterhin auf einer Matratze (Futon) schlafen oder Sie kaufen ein Kinderbett, in das Ihr Kind leicht und sicher allein hinein- und heraussteigen kann und dabei ein Gefühl der Selbstständigkeit entwickelt. Sobald Ihr Kind älter als ein Jahr ist, können Sie ihm ein Federbett zum Zudecken oder einen Schlafsack geben. So kann es morgens auch problemlos sein Bett selber machen.

Achten Sie auch darauf, ob Ihr Kind Türklinken und Lichtschalter ohne Hilfe erreichen kann. Stellen Sie ihm gegebenenfalls einen niedrigen, stabilen Schemel zur Verfügung und bringen Sie ein Nachtlicht an.

Planen Sie das Kinderzimmer unter funktionalen Gesichtspunkten, aber lassen Sie es Ihr Kind dann gemäß seiner eigenen Persönlichkeit und seinen aktuellen Interessen gestalten. Es braucht Platz zum Spiel mit Spielsachen sowie einen Tisch für Bastelarbeiten, zum Zeichnen und Kneten. Bringen Sie eine Pinnwand an, an der Ihr Kind seine Kunstwerke aufhängen kann. Kleine Regale und Tische sind ebenfalls geeignete Ausstellungsorte.

Musik sollte ein wichtiger Teil im Leben jedes Kindes sein. Kaufen Sie eine einfache Stereoanlage und zeigen Sie Ihrem Kind Schritt für Schritt, wie es sie verantwortungsbewusst benutzen kann.

Ordentlicher Flur Dank eines Stuhls und niedriger Regale kann sich ein Kind mühelos selbst anziehen.

Eine ordentliche Umgebung

Wenn alles seinen festen Platz hat, kann Ihr Kind in seinem Zimmer problemlos Ordnung halten.

Vielleicht wollen Sie mit Ihrem Kind zusammen eine kleine Spielzeugstadt oder einen Bauernhof auf einer stabilen Holzplatte aufbauen, die Sie auf einen niedrigen Tisch stellen.

Vermeiden Sie Unordnung. Sortieren Sie Spielsachen mit vielen Teilen in passende Behälter, wie Plastikdosen mit Deckeln oder kleine Körbe. Schauen Sie sich die Regale in unserem Montessori-Klassenzimmer (siehe S. 18 ff.) an und versuchen Sie diese Ordnung zu übernehmen. Bewahren Sie Bauklötze in einer bunten, festen Tasche aus Segeltuch mit Henkeln auf. Auf Reisen können Sie die Tasche auch mitnehmen.

Gestaltung des Kinderzimmers

Offene Aufbewahrung Kleine Körbe sind ideal für Spielsachen mit vielen Teilen und ermöglichen Ihrem Kind, selbst aufzuräumen.

Stiftebox Bewahren Sie Farbstifte gespitzt in einer Box auf, die Ihr Kind mühelos erreichen und tragen kann.

Naturmaterialien Schaffen Sie Platz für ein Naturmuseum, in dem Ihr Kind Naturmaterialien, die es gefunden hat, ausstellen kann.

Körbe Statt einer Kommode bringen Sie ein niedriges Regalbrett an, auf das Sie kleine Körbe für Strümpfe und Unterwäsche stellen können.

Niedrige Regale Bewahren Sie Spielsachen auf niedrigen Regalbrettern auf. Wechseln Sie die Spielsachen regelmäßig aus.

Garderobe Bringen Sie in Reichweite Ihres Kindes eine Garderobenleiste an, damit es Kleidung selbst aufhängen und abnehmen kann.

Ein »Atelier« für Kunst und Handwerk

Die meisten Eltern bemühen sich, die Kreativität ihrer Kinder zu fördern. Schaffen Sie nach Möglichkeit ein kleines »Atelier«, einen Kunst- und Handwerksbereich, in dem Ihr Kind schöpferisch tätig sein kann. Das kann eine Ecke in der Küche, im Kinderzimmer oder ein Bereich in der Diele sein – ein Ort, an dem Sie Ihrem Kind erlauben, mit künstlerischen Materialien, wie Farben und Kreiden, zu arbeiten, was natürlich auch Schmutz verursachen kann. Am besten ist natürlich ein nass wischbarer Boden. Sie können den Boden auch durch eine große Plastikplane schützen.

Empfehlenswert ist es, zum Malen eine Staffelei aufzustellen und zum Zeichnen, Basteln und Kneten einen »Arbeitstisch« mit einer abwaschbaren

Farbe Fred zieht seine Plastikschürze an, breitet Zeitungen aus und gießt Farbe in Farbdöschen.

Papier Man braucht etwas Übung, um ein Blatt Papier mit einem Clip an der Staffelei zu befestigen.

Töpfe Fred lässt die Farbe von seinem Pinsel abtropfen und streift die überschüssige Farbe ab.

Tischdecke. Auf einem kleinen Regal in Reichweite Ihres Kindes können die Materialien, Pinsel, Papier usw., aufbewahrt werden. Auf einem Wäscheständer kann Ihr Kind seine fertigen Gemälde mit Wäscheklammern aufhängen. Zeigen Sie Ihrem Kind, wie es in dieser Umgebung jedes Mal schrittweise sein Vorhaben beginnt und umsetzt und alles wieder aufräumt, wenn es fertig ist.

Die Materialien des Kindes können ordentlich in verschiedenen Plastikbehältern aufbewahrt werden. Je nach Alter Ihres Kindes umfasst das

Kunst lieben

Bitten Sie Ihr Kind, seine fertigen Arbeiten auszustellen. Die Kühlschranktür ist eine geeignete Galerie. Kaufen Sie aber auch einige schöne Rahmen und Passepartouts und helfen Sie Ihrem Kind, seine Kunstwerke aufzuziehen und sie an anderen Orten in der Wohnung aufzuhängen. Richtig gerahmt, sieht das Gemälde eines Kindes ganz anders und sehr kunstvoll aus.

Anfangen »Das ist das Haus, in dem wir unsere Ferien verbracht haben«, erzählt Fred seiner Mutter beim Malen. Wenn er fertig ist, klammert er sein Bild an einen Wäscheständer, schraubt die Farbdosen zu und wäscht die Pinsel aus.

Zeichenmaterial, das Sie ihm zur Verfügung stellen, abwaschbare Filzschreiber, Farbstifte, Kreiden, Papier, Stofftücher und aufbereitete Haushaltsmaterialien zum Anfertigen von Collagen. Sie können angerührte Temperafarben in Plastikdöschen, die mit einem Deckel verschlossen werden, aufbewahren. Stellen Sie Ihrem Kind möglichst hochwertige Materialien zur Verfügung – Farben, Pinsel, Zeichenstifte, Farbstifte, Papier usw. – und bringen Sie ihm von Anfang an bei, sie korrekt und sorgsam einzusetzen und sie sachgerecht aufzubewahren.

DER GRUND-GEDANKE

Beobachten und sich leiten lassen

Als Eltern verspüren wir oft das Bedürfnis, unsere Kinder zu führen, doch Maria Montessori meinte, dass wir ihnen stattdessen folgen sollten.

Wie viel Zeit verbringen Sie damit, Ihr Kind zu beobachten? Damit ist nicht gemeint, es halbherzig zu beobachten, während Sie etwas anderes tun, sondern die Aufmerksamkeit ausschließlich längere Zeit auf das Kind zu richten. Wenn Sie Montessoris Konzept zu Hause umsetzen wollen, dann setzen Sie sich als Erstes hin und beobachten Sie, was Ihr Kind betrachtet, was es sagt und was es tut. Kinder lehren uns so viel über ihre Bedürfnisse und Interessen, wenn wir uns nur die Zeit nehmen, aufmerksam zu sein.

Wie man beobachtet

Es kann hilfreich sein, ein Notizbuch zu führen, in dem Sie Ihre Beobachtungen aufzeichnen. Nehmen Sie sich regelmäßig die Zeit, Ihr Kind zu beobachten. Setzen Sie sich bequem in seine Nähe, sodass Sie es mühelos sehen und hören können und auch die anderen Kinder, mit denen es spielt. Machen Sie Notizen über das, was Sie sehen – Ihre Notizen ergeben im Laufe der Zeit eine interessante Aufzeichnung des Verhaltens Ihres Kindes in verschiedenen Altersstufen. So können Sie auch leichter erkennen, wenn sich einmal ein bestimmtes Verhaltensmuster herausbildet. Wenn Sie bemerken, dass Ihr Kind von einer Sache fasziniert ist, überlegen Sie Wege, um neue Aktivitäten einzuführen, die dieses Interesse nähren und erweitern können.

Notizen machen Halten Sie die Aktivitäten Ihres Kindes fest.

Was man beobachtet Das Einzige, mit dem Sie im Leben mit Kindern Tag für Tag rechnen können, ist, dass sich ihre Vorlieben, Interessen und Fähigkeiten immer wieder völlig überraschend verändern. Versuchen Sie immer, wenn Sie Ihr Kind beobachten, frühere Erfahrungen oder Annahmen zu vergessen, und konzentrieren Sie sich darauf, was jetzt gerade passiert.

Achten Sie darauf, welche Spielsachen Ihr Kind auswählt. Wie verwendet es sie? Spielt es eher allein oder mit anderen? Stellen Sie im Laufe der Zeit bestimmte Muster fest? Beobachten Sie, wie sich Ihr Kind im Haus bewegt. Bewegt es sich ruhig und graziös oder mit beträchtlicher Unruhe? Gibt es einen Raum in der Wohnung, in dem es sich besonders gern aufhält? Was fasziniert es daran?

Beobachten Sie beim Essen, was Ihr Kind am meisten genießt. Kann es trinken, ohne etwas zu verschütten, und Gabel, Messer und Löffel richtig mit gutem Koordinationsvermögen benutzen? Wie benimmt es sich während der Mahlzeiten? Spricht es dabei gern über seine Erlebnisse?

Bleiben Sie Beobachter. Überlegen Sie zweimal, bevor Sie in das Tun Ihres Kindes eingreifen. Sie wollen aus dem lernen, was Ihr Kind tut, und es nicht ständig korrigieren.

In Bewegung Beobachten Sie, wie sich Ihr Kind durch die Wohnung bewegt – ist es ruhig und anmutig oder laut und hektisch?

KAPITEL
ZWEI

Mit allen Sinnen entdecken

DER GRUND-GEDANKE

Die Sinne schulen

Es gibt ein altes Sprichwort, nach dem Kinder das lernen, was sie leben. Im Wesentlichen besagt das Montessori-Konzept dasselbe.

»Leiten Sie kleine Kinder an, ihre Aufmerksamkeit auf die physische Welt auszurichten«

Wir haben bereits gesehen, wie Babys vom Augenblick der Geburt an über ihre Sinne mit ihrer Umgebung kommunizieren. Darauf baute Maria Montessori auf. Sie wollte Babys und Kleinkinder anleiten, ihre Aufmerksamkeit auf die physische Welt auszurichten und mit allen Sinnen – Sehen, Hören, Schmecken, Fühlen und Riechen – feine Unterschiede in den Eigenschaften der Dinge zu erforschen. Durch die Schulung der Sinne, durch das Ausrichten der Aufmerksamkeit auf Aspekte des alltäglichen Lebens oder durch spezielle Sinnesaktivitäten kann man die Wahrnehmungsfähigkeit stark verbessern.

Die Intelligenz steigern
Bis zum sechsten Lebensjahr sind Übungen zur Förderung der sensorischen Entwicklung besonders wertvoll, weil sich in dieser Zeit das Nervensystem entwickelt. Wenn wir die Sinne der Kinder stimulieren, werden Signale vom Nervensystem zum Gehirn und wieder zurück gesandt. Je öfter dies geschieht, umso stärker und differenzierter bilden sich die Nervenleitungen im Gehirn aus – Voraussetzung für eine optimale Funktionsweise des Gehirns. Das spätere Lernvermögen (die Aufnahme, Integration und Anwendung von Wissen) hängt davon ab, ob das Gehirn von früh an richtig »verdrahtet« worden ist.

Die Sinne **schulen** 51

Entdeckungsreise Das Legen einfacher Puzzles fördert das räumliche Vorstellungsvermögen Ihres Kindes.

Feine Düfte Leiten Sie Ihr Kind an, die sinnlichen Genüsse seiner Umwelt wahrzunehmen.

Wie Babys ihre Welt erfahren

Immer genauer hören, schmecken und riechen Babys in den ersten Monaten alles, was ihnen ihre Umgebung bietet. Und sie nehmen alles auf.

»Die Erziehung der Sinne beginnt bei der Geburt, wenn Sie Ihr Baby in Ihren Armen halten«

Die Erziehung der Sinne beginnt bei der Geburt, wenn Sie Ihr Baby das erste Mal in den Armen halten und an sich drücken. Es ist so vielen sinnlichen Erfahrungen ausgesetzt: Wenn es den beruhigenden Duft Ihrer Haut aufnimmt; die visuellen Eindrücke, die Geräusche und Düfte all dessen, was es umgibt; das Gefühl seiner Kleidung auf seiner zarten Haut und der Geschmack der ersten festen Nahrung, die seine Lippen aufnehmen. Babys sind in ihren ersten Lebensjahren eifrige Beobachter. Alles, was ein Baby sieht, hinterlässt einen Eindruck, stimuliert Gehirn und Nervensystem und hat Einfluss auf sein Gefühl der Sicherheit und Geborgenheit.

Scharfe Augen

Wir wissen heute, wie wichtig visuelle Anregungen für Babys sind. Um dem Baby die richtigen Anreize zu bieten, ist es hilfreich zu wissen, wie sich das Sehvermögen des Babys entwickelt.

In den ersten Monaten konzentrieren sich die Augen des Babys auf einen Gegenstand, der etwa 25 bis 30 cm entfernt ist. Sie können vermutlich feststellen, dass die Augen Ihres Babys wandern und sich von Zeit zu Zeit sogar zu überkreuzen scheinen. Am stärksten reagiert das Baby auf den Anblick eines menschlichen Gesichts, insbesondere das der Eltern und anderer enger Bezugspersonen. Kleine Babys nehmen blasse Farben oder

Erste Sinneseindrücke Die Mutter berühren, hören und riechen – das ist der Beginn der sensorischen Erziehung.

Betrachten und lernen Begierig erforschen Babys in den ersten Monaten des Lebens die Umwelt mit ihren Augen.

Schattierungen noch kaum wahr und richten ihre Aufmerksamkeit auf Dinge mit klarem Muster und starkem Kontrast, besonders Muster in Schwarz-Weiß.

Mit etwa drei Monaten beginnen Babys auch weiter entfernte Gegenstände zu fokussieren. Mit den Augen verfolgen sie sich bewegende Gegenstände. Nun können sie vertraute Menschen auch auf einige Entfernung erkennen. Sie beginnen nach Dingen zu greifen, die sie sehen. Mit etwa sieben Monaten ist das Farbensehen voll entwickelt und das Sehvermögen auch in die Ferne weitgehend ausgereift.

Sie können das visuelle Wahrnehmungsvermögen Ihres Kindes auf vielerlei Weise fördern. Sprechen Sie mit Ihrem Baby und stellen Sie dabei direkten Blickkontakt her. Beobachten Sie, wie Ihr Baby reagiert. Betrachten Sie gemeinsam Dinge und sprechen Sie über das, was Sie sehen. Mobiles, die sich langsam drehen, bieten einen sich ständig verändernden Blickpunkt. Vielleicht wollen Sie zwei oder drei Mobiles in der Wohnung aufhängen und immer wieder austauschen, um Interesse und Freude an neuen visuellen Eindrücken zu schaffen.

Musikalische Stimulation

Musik hören ist eine wichtige Sinneserfahrung. Manche Eltern spielen ihrem Baby schon während der Schwangerschaft Musik vor, wohl wissend, dass ihr ungeborenes Kind Geräusche und Rhythmen wahrnehmen kann, so wie wir unter Wasser.

»Ihr Baby wird mit Händen, Augen, Ohren, Mund und Nase alles untersuchen, was seinen Weg kreuzt«

Sprechen und singen Sie mit Ihrem Baby von Geburt an. Melodien und Schlaflieder sind wichtig und schaffen tief verwurzelte Erinnerungen an die frühe Kindheit. Der Klang und der Rhythmus der Musik, die Sie Ihr Kind hören lassen, und die Texte vertrauter Lieder, die es mit zunehmendem Alter selbst lernt, legen das Fundament für die musikalische Erziehung.

Es ist nachgewiesen, dass Musik auch die Entwicklung der Bereiche im Gehirn fördert, die mit Mathematik und räumlichem Denken zusammenhängen. Mit anderen Worten: Musik sensibilisiert Kinder nicht nur in künstlerischer Hinsicht, sondern trägt zur Gehirnentwicklung bei.

Hand in den Mund

Von der ersten Mahlzeit an ist der Mund für Ihr Baby ein Instrument des Erforschens und des Genusses. Das Abstillen bedeutet viel mehr als den Beginn der Beikost – jedes neue Nahrungsmittel erzeugt durch seine Geschmacksrichtung und seine Konsistenz Interesse und Aufregung. Wenn es größer wird, wird das Baby jeden Gegenstand in seiner Reichweite direkt in den Mund stecken.

Ein Gleichgewicht schaffen

In kürzester Zeit wird Ihr Baby in der Lage sein, Gegenstände zu greifen und ihr Gewicht, ihre Beschaffenheit und ihre Temperatur zu erforschen. Es wird Hände, Augen, Ohren, Mund und Nase einsetzen, um alles, was seinen Weg kreuzt, zu untersuchen. Mit etwa einem Jahr ist Ihr Kind ziemlich neugierig und kann seine Aufmerksamkeit längere Zeit auf eine Sache ausrichten. Es wird Vorgänge mit unendlicher Geduld beobachten und Dinge intensiv untersuchen.

Bemühen Sie sich, Ihrem Kind weder zu viel noch zu wenig Stimulation zu bieten. Achten Sie auf Ihr Kind, es zeigt Ihnen, wie es sich fühlt. Bei zu viel Anregung ist es überreizt, wird unruhig oder schläft ein. Bei zu wenig Stimulation schläft es sehr viel. Ideal ist ein gesundes Gleichgewicht.

Schmeckt gut Mit sechs Monaten wandert alles, was sich in Reichweite Ihres Babys befindet, in seinen Mund.

AKTIV SEIN

Ein Korb voller Schätze

Ihr Baby lebt in einer magischen Welt voller Dinge, die entdeckt werden wollen.

Sobald Ihr Baby sitzen und Gegenstände halten kann, wird es voller Begeisterung eine »Schatzkiste« untersuchen. Nehmen Sie dazu einen stabilen Karton oder einen flachen Korb, den Sie mit verschiedenen interessanten Haushaltsgegenständen und Schätzen aus der Natur füllen. Alle Teile müssen so groß sein, dass Ihr Baby sie nicht verschlucken kann. Sie dürfen keine scharfen Kanten haben und müssen gefahrlos berührt, untersucht und auch in den Mund gesteckt werden können. Auch ältere Kinder lieben die Schatzkiste – legen Sie einfach neue Dinge hinein.

Was ist drin? Sammeln Sie 50 bis 100 Gegenstände, die unterschiedliche Eigenschaften haben – sich in Gestalt, Farbe, Beschaffenheit, Gewicht und Geruch unterscheiden. Dazu kann eine Brieftasche gehören, eine große Walnussschale, ein Kiefernzapfen, eine Bürste, eine Feder, ein Glöckchen, ein geschmeidiger Stein. Babys und Kleinkinder erfahren mit allen ihren Sinnen, während sich Erwachsene vorzugsweise auf das Sehvermögen verlassen. Gegenstände mit einem ausgeprägten Muster oder einer besonderen Textur, einem Duft, Gegenstände, die sich kalt anfühlen (z. B. ein Stein) oder ein Geräusch erzeugen, sind besonders anregend.

Kostbarer Fund Die Schätze in diesem Korb faszinieren jedes kleine Kind. Es wird sie immer wieder aufs Neue untersuchen wollen.

Ideen für die Schatzkiste

- **Metall:**
Anhänger und Kette • Glocke
• Messlöffel • kleiner Schneebesen
- **Naturmaterial:**
Kiefernzapfen • Schwamm • Avocadostein • Feder • großer Stein • Schneckenhaus
- **Holz:**
Kochlöffel • Stopfei • Teigschaber • Kleiderhaken • Holzklotz • Schuhbürste
- **Glas:**
Eierbecher • Gewürzgläschen • Salzstreuer • kleiner Briefbeschwerer • Rosenkranz
- **Stoff und Leder:**
Satin- und Samtbänder • Wollknäuel • kleiner Geldbeutel • Seidenschal • Quaste • Schlüsselbund

Nicht empfehlenswert

- Kleine verschluckbare Teile
- Gegenstände mit scharfen Kanten
- Objekte mit losen Fäden oder Teilen • alles, was gefährlich sein kann, wenn es in den Mund gesteckt wird
- Materialien mit giftigen Farben

Gegenstände untersuchen Meist ist ein bestimmter Gegenstand besonders faszinierend. Ihr Baby wird ihn immer wieder herausnehmen, um seine Eigenschaften zu untersuchen und herauszufinden, was es damit anstellen kann.

Die Schatzkiste fesselt die Aufmerksamkeit über längere Zeit. Für ein Baby ist diese Beschäftigung sehr anregend; geben Sie ihm daher die Schatzkiste, wenn es ausgeruht und aufmerksam ist. Wenn Sie Ihrem Kind das erste Mal die Kiste geben, sagen Sie kein Wort – wählen Sie einfach einen Gegenstand aus, untersuchen ihn sorgfältig und legen ihn zurück in die Kiste. Ihr Kind greift dann vielleicht sofort nach ihm – oder wählt etwas anderes. Lassen Sie es die Gegenstände auf eigene Faust untersuchen. Kinder mögen es, wenn wir in ihrer Nähe sind, aber sie wollen nicht, dass wir ständig eingreifen.

Ein Korb voller **Schätze** 59

SCHMECKEN Saugen ist eine Quelle tiefer Befriedigung für Ihr Baby, daher wird es alles aus seiner Schatzkiste in den Mund stecken. Solange die Gegenstände sauber und ungefährlich sind, müssen Sie dies nicht unterbinden – Ihr Baby entscheidet selbst, was gut schmeckt und was nicht.

BETRACHTEN Inzwischen besitzt Ihr Baby die Sehschärfe eines Erwachsenen. Ihm gefallen natürliche Farben, feine Schattierungen und Formkombinationen. Ein einfacher Haushaltsgegenstand, wie ein Backpinsel, kann große Anziehungskraft ausüben.

HÖREN Bohnenkerne und Samen in kleinen verschlossenen Fläschchen und Gläsern erzeugen interessante Geräusche, ebenso wie kleine Glöckchen oder raschelndes Papier. Ketten aus Metall oder Perlen und Messlöffel klappern und klimpern.

BERÜHREN Dinge mit einer gemusterten oder rauen Oberfläche, wie ein Kiefernzapfen, sind besonders faszinierend. Gegenstände aus Glas oder polierte Steine sind kühl anzufassen, im Unterschied zu Plastikspielsachen, die sich alle gleich anfühlen.

UNTERSUCHEN Wenn Ihr Kind den Inhalt der Schatzkiste erforscht hat, kann es die Kiste oder den Korb untersuchen. Ihr Kind beschäftigt sich vielleicht 20 bis 30 Minuten mit der Schatzkiste – lassen Sie es selbst entscheiden, wann es genug hat.

RIECHEN Ihr Baby hat einen hoch entwickelten Geruchssinn. Legen Sie Kräutersäckchen, Lavendelkissen oder eine Zitrone oder lecker riechende Süßigkeiten, Vanilleschoten oder Kaffeebohnen in einem Salzstreuer in die Schatzkiste.

Sinnliche Aktivitäten fördern das Lernen

Übungen, die Kinder anleiten, ihre sinnliche Wahrnehmungsfähigkeit zu schulen, tragen dazu bei, dass sie auch später ihre Umwelt viel bewusster erfahren.

»Die sensorischen Übungen sind gerade so schwierig, dass sie eine echte Herausforderung darstellen«

Es ist wichtig, die jungen Sinne auch weiterhin zu schulen. Ich glaube nicht, dass wir die Sinne durch eine sensorische Erziehung in physischer Hinsicht verbessern können, aber wir können Kindern beibringen, das, was sie erfahren, mit tieferer Bewusstheit zu sehen, zu hören, zu berühren, zu schmecken oder zu riechen. Im Montessori-Lehrplan ist ein Bereich speziell der sensorischen Erziehung gewidmet.

Bei den einfachsten Übungen geht es darum, dass Kinder identische Paare von Gegenständen finden, die sich nur in einem Aspekt, wie Höhe, Länge oder Breite, unterscheiden. Bei anderen Aufgaben sollen sie identische Paare auf der Basis von Gewicht, Aroma, Geschmack, Temperatur oder Geräusch finden. Später geht es darum, Gegenstände, die sich in einer Eigenschaft, wie Länge, Höhe, Form unterscheiden, anzuordnen.

Kinder finden solche Puzzles und Spiele interessant, weil sie jeweils gerade so schwierig sind, dass sie eine echte, aber zu bewältigende Herausforderung darstellen. Dabei erfolgt auch eine Sprachförderung im Sinne der Begriffsbildung, weil die Kinder viele Bezeichnungen, von geometrischen Formen bis zu Pflanzen und Tieren, beherrschen müssen. Viele der verwendeten Materialien können selbst hergestellt oder über den Fachhandel (siehe S. 188) bezogen werden.

Sinnliche Aktivitäten fördern **das Lernen** 61

Gitarre spielen Ina zupft und streicht die Saiten der Gitarre und experimentiert mit den verschiedenen Tönen, die sie erzeugt.

62 Mit allen Sinnen entdecken

Nach Farben geordnet Es schult das Sehvermögen und den Tastsinn, wenn Kinder Knöpfe entsprechend ihrer Farbe sortieren.

Knopf-Mix Die Übung wird schwieriger, wenn die Knöpfe sich in Größe, Form oder Material unterscheiden.

Farbe, Form und Größe

Viele spielerische Aktivitäten, die primär das Sehvermögen Ihres Kindes anregen, erfordern gleichzeitig, andere Sinne einzusetzen.

Gegenstände sortieren (2 bis 5 Jahre)

Das Sortieren von Gegenständen nach Form, Größe, Farbe oder anderen äußeren Eigenschaften ist eine wunderbare Beschäftigung, die Konzentration und logisches Denken fördert. Für diese Aktivität können Sie bestimmte Gegenstände in unterschiedlichen Formen, Farben und Größen sammeln. Seien Sie vorsichtig mit kleinen Gegenständen, da Ihr Kind sie verschlucken oder in Nase oder Ohren stecken kann.

Ein gutes Beispiel für diese Übung ist das Sortieren von Knöpfen. Stellen Sie eine Auswahl von jeweils vier oder mehr gleichen Knöpfen zusammen. Mischen Sie die Knöpfe in einer großen Schüssel und zeigen Sie Ihrem Kind, wie es einen Knopf auswählt, ihn in eine kleinere Schüssel legt und die dazugehörigen Knöpfe findet.

Schritt für Schritt: der rosa Turm

EINS Laura sucht den größten Würfel.

ZWEI Sie benötigt mehrere Versuche, bis der größte Klotz unten liegt.

DREI Danach sucht Laura den nächstgrößeren.

VIER Schon bald wächst der Turm schneller.

FÜNF Mit großer Vorsicht setzt sie die kleineren Klötze obendrauf.

SECHS Wenn der kleinste Klotz an seinem Platz ist, ist der Turm fertig.

Bauklötze stapeln (18 Monate bis 3 Jahre)

Das Spiel mit verschieden großen Bauklötzen ist eine hervorragende visuelle Übung für kleine Kinder. Das für diesen Zweck am besten geeignete Montessori-Material ist der »rosa Turm«, doch Sie können auch andere Becher oder Würfel kaufen, die sich nach der Größe abgestuft aufeinander stapeln lassen.

Holzpuzzle Wählen Sie Puzzles mit einfachen ausgestanzten Formen und einem Griff für jedes Teil.

Scheibenpyramide (1 bis 2 Jahre)

Bei dieser Pyramide geht es darum, die verschiedenen Scheibengrößen und Farbabstufungen in der richtigen Reihenfolge aufzustecken. Dazu bedarf es einiger Geduld und Übung. Das Kind kann dabei selbst erkennen, ob es alles richtig oder ob es einen Fehler gemacht hat.

Formen-Sortierkasten (1 bis 3 Jahre)

Es gibt viele Variationen dieses Spielzeugs; meist besteht es aus einer Box mit verschieden geformten Öffnungen und verschiedenen geometrischen Formen, die durch die passenden Öffnungen gesteckt werden müssen.

Einfache Puzzles (2 bis 5 Jahre)

Einfache Puzzles sind ein bewährtes Spielmaterial für Kinder. Suchen Sie immer nach Holzpuzzles mit schönen Motiven. Verzichten Sie auf Puzzles aus Karton. Für Kinder unter vier Jahren wählen Sie Steckpuzzles.

Farbtäfelchen (3 bis 5 Jahre)

Dieses Montessori-Material besteht aus verschiedenfarbigen Holztäfelchen, anhand derer Kinder die Primär- und Sekundärfarben unterscheiden lernen. Es ist in Fachgeschäften für Montessori-Zubehör erhältlich. Sie können auch Farbkarten aus Ihrem örtlichen Malergeschäft besorgen.

Bilden Sie aus den Karten drei verschiedene Farbsets mit jeweils gleich vielen Karten. Beginnen Sie mit einem Set aus sechs Farben, jeweils zweimal Gelb, Rot und Blau. Bitten Sie Ihr Kind, die gleichen Farben zusammenzulegen, und lehren Sie es die Namen dieser Primärfarben.

Wenn Ihr Kind diese Farben kennt, bilden Sie ein zweites Set aus elf Paaren der Primär- und Sekundärfarben: Gelb, Rot, Blau, Grün, Orange, Lila, Rosa, Braun, Grau, Weiß und Schwarz. Bitten Sie Ihr Kind, die passenden Farbkarten zusammenzulegen und zu benennen. Noch schwieriger wird es, wenn Sie ein drittes Set mit jeweils sieben verschiedenen Schattierungen der neun verschiedenen Farben (Gelb, Rot, Blau, Grün, Orange, Lila, Rosa, Braun und Grau) zusammenstellen. Ihr Kind soll sie, ausgehend von der hellsten bis zur dunkelsten Schattierung, sortieren.

Es gibt viele Möglichkeiten, diese Aktivität noch interessanter zu gestalten. Bitten Sie Ihr Kind zum Beispiel, die Farbe auf der Tabelle herauszufinden, die der Farbe eines bestimmten Gegenstandes im Zimmer am ähnlichsten ist. Oder Sie zeigen Ihrem Kind eine Farbe aus dem dritten Set und bitten es, allein aus der Erinnerung auf die Farbe auf der Tabelle zu zeigen, die nur einen Ton heller oder dunkler ist. Älteren Kindern kann man zeigen, wie sie durch das Mischen mit weißer oder schwarzer Farbe hellere oder dunklere Farbtöne einer Farbe erzeugen können. Ausgehend von der reinen Farbe können sie durch die schrittweise Beigabe von Weiß immer hellere Farbschattierungen herstellen, ähnlich dem Spektrum der Farbkarten.

Memory (3 bis 5 Jahre)

Dieses sehr bekannte Spiel fördert das visuelle Gedächtnis und das Konzentrationsvermögen. Memorys gibt es in vielen Varianten im Spielwarenhandel; ein Memory können Sie aber auch selbst herstellen. Schneiden Sie dazu 16 gleich große Karten aus dünner Pappe aus. Bemalen Sie jeweils zwei Karten mit demselben Motiv oder mit geometrischen Formen. Sie können auch auf je zwei Karten identische Tierabbildungen kleben. Sie haben nun 16 gleich große Karten mit acht Paaren unterschiedlicher Motive.

Mischen Sie die Karten und legen Sie sie verdeckt in ein Quadrat aus viermal vier Karten. Der erste Spieler deckt zwei Karten auf. Wenn es dieselben sind, behält er das Paar. Wenn nicht, dreht er sie wieder um. Die Spieler versuchen sich zu merken, wo welche Karte liegt, um sie zu finden, wenn sie an der Reihe sind, zwei Karten aufzudecken. Das Spiel endet, wenn alle Kartenpaare gefunden sind.

Im Laufe der Zeit können Sie neue Sets mit anderen Motiven anfertigen oder mit mehr Kartenpaaren spielen oder sie ungeordnet, nicht reihenweise auslegen.

Passende Paare Memory spielen fördert das Gedächtnis und das Konzentrationsvermögen.

Bohnenkonzert Es klingt lustig, wenn Bohnen aus einer Schöpfkelle in eine Schüssel fallen.

Geräusche

Wenn Ihr Kind älter wird und sich sein Gehör entwickelt, kann es lernen, zwischen verschiedenen Tönen zu unterscheiden; es kann Ihnen auch zeigen, aus welcher Richtung ein Geräusch kommt.

Getrocknete Bohnen (1 ½ bis 4 Jahre)

Füllen Sie eine große Salatschüssel aus schwerem Ton oder Glas zur Hälfte mit getrockneten Bohnen. Getrocknete Butterbohnen sind gut geeignet, da sie so groß sind, dass Ihr Kind sie nicht in die Nase oder die Ohren stecken kann. Außerdem klingt es angenehm, wenn sie in die Schüssel fallen. Geben Sie Ihrem Kind eine kleine Schöpfkelle und zeigen Sie ihm, wie es ein paar Bohnen aufnehmen und sie zurück in die Schüssel fallen lassen kann. Ihr Kind darf auch mit den Bohnen spielen, wenn es ihm Spaß macht. Es klingt interessant, wenn man mit den Händen in den Bohnen rührt. Wenn einige Bohnen danebenfallen, zeigen Sie Ihrem Kind, wie es sie wieder aufklaubt und in die Schüssel zurücklegt. Machen Sie ihm klar, dass alle Bohnen wieder in die Schüssel zurückmüssen. Seien Sie nicht überrascht, wenn anfangs viele Bohnen danebenfallen. Erklären Sie Ihrem Kind geduldig und ruhig, wie es sie wieder in die Schüssel zurücklegt.

Klingende Glöckchen (2 bis 5 Jahre)

Sie benötigen 16 oder mehr Glöckchen, von denen immer zwei gleich klingen. Weil die Glöckchen vermutlich unterschiedlich aussehen, macht Ihr Kind dieses Spiel mit geschlossenen oder verbundenen Augen. Am einfachsten ist das Spiel, wenn die Glocken an einem Stab befestigt sind. Andernfalls können Sie ein Band an der Glocke anbringen, an dem Ihr Kind sie halten und schütteln oder mit der anderen Hand anschlagen kann.

Ihr Kind läutet ein Glöckchen und stellt es beiseite. Dann nimmt es eine andere Glocke und läutet sie, um zu hören, ob sie den gleichen Klang hat. Vielleicht möchte es die erste Glocke nochmals läuten, um sein Gedächtnis aufzufrischen. Wenn die Glocken nicht den gleichen Klang haben, stellt es die zweite beiseite, nimmt eine andere und hört, ob diese den gleichen Klang hat. Hat es die passende Glocke gefunden, stellt es beide beiseite. Dann wählt es eine neue Glocke und sucht wieder die passende. Das Spiel ist beendet, wenn alle Glockenpaare gefunden worden sind.

Glöckchen läuten Sich auf Klänge zu konzentrieren, um gleiche Klänge wiederzuerkennen, fördert das Hörvermögen enorm.

Gleiche Klänge Stellen Sie fest, ob Ihr Kind gleiche Klänge, die von verschiedenen Geräuschdosen erzeugt werden, erkennen kann.

Geräuschdosen (3 bis 6)

Eine weitere Übung, die die Fähigkeit, zwischen Lauten zu unterscheiden, fördert, ist das Spiel mit Geräuschdosen. Sie können diese aus beliebigen Behältern aus Holz, Plastik oder Glas anfertigen. Die Dosen dürfen nicht durchsichtig sein, damit das Kind ihren Inhalt nicht erkennt, und sie müssen ein klar erkennbares Geräusch erzeugen, wenn sie, mit jeweils verschiedenen Materialien gefüllt, geschüttelt werden. Geeignet sind kleine Gläser, zum Beispiel von Babykost, wenn Sie die Innenseite färben oder mit buntem Papier auskleiden, damit man nicht durchsehen kann.

Sie benötigen sechs Behälter in derselben Farbe und nochmals sechs in einer anderen Farbe. Füllen Sie jeweils ein Paar (von jeder Farbe eines) mit einem Material, das ein interessantes Geräusch erzeugt, wenn man das Behältnis schüttelt (getrocknete Erbsen, Bohnen, Reis, Sand). Das Kind hat nun die Aufgabe, jedem (zum Beispiel) grünen Döschen das rosafarbene mit dem gleichen Geräusch zuzuordnen. In Montessori-Schulen wird jedes Set mit sechs Geräuschdosen in einer Kiste mit einem Deckel in derselben Farbe aufbewahrt.

Das Stille-Spiel (2 bis 6 Jahre)

In unserer modernen Welt scheint Stille weitgehend unbekannt zu sein. Sie tun Ihrem Kind viel Gutes, wenn Sie es die Harmonie entdecken lassen, die die Stille birgt. In der Stille können wir unsere eigenen Gedanken hören und werden uns unserer Umwelt bewusst.

Beim Stille-Spiel entwickeln Kinder Selbstdisziplin und erfahren die Geräusche der Umgebung bewusster. Sammeln Sie zu Beginn die Aufmerksamkeit Ihrer Kinder, indem Sie eine kleine Glocke läuten oder ein verabredetes Handsignal geben. Das Spiel beginnt. Ihre Kinder sollen ihre Tätigkeit unterbrechen, sich hinsetzen, die Augen schließen und versuchen, absolut ruhig zu sein, bis sie hören, dass Sie ihren Namen flüstern. Wenn ein Kind seinen Namen hört, soll es sich in aller Ruhe erheben und zu Ihnen kommen. Sie können Ihre Kinder bitten, dabei ein Glöckchen zu tragen, ohne dass dieses erklingt. So lernen sie, sich umsichtig zu bewegen.

Anfangs sind jüngere Kinder kaum in der Lage, länger als 30 Sekunden ruhig zu bleiben. Doch allmählich entwickeln sie die Fähigkeit, sich zu entspannen, zuzuhören und die Stille zu genießen. Lassen Sie dieses Spiel zu einem täglichen Ritual werden. Eine weitere Variation ist die geführte Visualisierung: Ihre Kinder schließen die Augen und Sie beschreiben eine Szene, die sie sich vorstellen sollen. »Nun gehen wir hinunter zum Teich. Wir strecken unsere Zehen hinein. Oh, ist das Wasser kalt!«

»Allmählich entwickeln Kinder die Fähigkeit, zu entspannen und die Stille zu genießen«

Musik hören (18 Monate bis 6 Jahre)

Wenn Ihr Kind älter wird, bereichern verschiedenste musikalische Spiele seine Entwicklung. Sie können zur Musik laut mitsingen oder summen und Ihr Kind ebenfalls dazu ermutigen. Sie können im Takt mit den Händen klatschen und Sie können frei zur Musik tanzen, sich wiegen, sich langsam drehen oder wilde Tänze aufführen.

Bringen Sie Ihrem Kind bei, die Instrumente zu erkennen, die in einem Musikstück eingesetzt werden. Sagen Sie ihm, wie das Stück und der Komponist heißen. Ermöglichen Sie Ihrem Kind, auf verschiedenen Instrumenten zu spielen – Rasseln, Xylophon, Trommeln, Gitarre – und spornen Sie es an, seine Lieblingslieder mitzusingen.

In diesen frühen Jahren befindet sich Ihr Kind in einer sensiblen Phase für Musik; es interessiert sich für Musik und dabei entwickeln sich sein Gehör, sein Rhythmikgefühl und sein Sinn für Melodie. Musikalisch begabte Eltern, die zu Hause selbst musizieren, stellen in aller Regel fest, dass auch ihre Kinder eine musikalische Begabung entwickeln, und die Musiklehrer, die nach der Suzuki-Methode unterrichten, beweisen seit Jahren, dass schon Kinder unter vier Jahren ein Instrument, wie Klavier oder Violine, erlernen können.

Musik ist wichtig Versuchen Sie, den Sinn Ihres Kindes für Musik möglichst früh zu wecken.

Fühlen

Es gibt viele Möglichkeiten, den Tastsinn des Kindes zu schulen. Wir haben mit der Schatzkiste begonnen (siehe S. 56 ff.), als unsere Kinder noch sehr klein waren. Wenn sich der Tastsinn nun verfeinert, ist es an der Zeit, schwierigere Aktivitäten anzubieten.

Fühlmemory (2 bis 5 Jahre)

Dieses Spiel ist ideal geeignet, Tastsinn und Konzentration zu fördern. Es besteht aus einem Set aus zehn gleich großen Täfelchen mit verschiedenen Materialoberflächen. Dazu kleben Sie auf je zwei Holztäfelchen das gleiche Material – ein Stück Stoff, Klettverschluss, Samen, Sand oder anderes. Wenn die Materialfläche nach unten liegt, sehen alle Täfelchen gleich aus. Mit geschlossenen oder verbundenen Augen soll Ihr Kind versuchen, mit seinen Fingerspitzen zu »sehen« und die passenden Paare finden. Wenn sie umgedreht werden, kann Ihr Kind auch sehen, ob es richtig gefühlt hat.

Stoffe fühlen (2 bis 5 Jahre)

Mischen und sortieren Füllen Sie einen Korb mit unterschiedlichen Stoffpaaren und beobachten Sie, ob Ihr Kind sie mit geschlossenen Augen findet.

Eine Abwandlung des oberen Spiels bietet ein mit verschiedenen Stoffresten gefüllter Korb: Seide, Wolle, Baumwolle, Tweed usw. Bereiten Sie passende Paare von jeder Stoffart vor. Mit geschlossenen oder verbundenen Augen soll Ihr Kind versuchen, Stoffpaare zu finden, die sich gleich anfühlen, und sie paarweise auf den Tisch legen. Wenn es die Augen öffnet, kann es die Paare visuell kontrollieren.

Tasttafeln (3 bis 5 Jahre)

Für diese Übung benötigen Sie zwölf Holzbrettchen, auf die jeweils ein viereckiges Stück Sandpapier geklebt ist. Dabei werden Pärchen gebildet mit Sandpapier, das in Abstufungen immer gröber wird. Ihr Kind versucht, mit geschlossenen oder verbundenen Augen allein durch das Fühlen Paare herauszufinden, die die gleiche Rauheit haben. Wenn es alle Paare gebildet hat, kann es sein Ergebnis überprüfen, indem es die Brettchen umdreht. Die passenden Paare sehen jeweils gleich aus.

Schritt für Schritt: der geheimnisvolle Beutel

EINS Georgia fasst in den Beutel und ertastet das geheimnisvolle Objekt.

Geheimnisvoll Wählen Sie Gegenstände mit unterschiedlichen Eigenschaften wie eckig, rund, hart, weich, rau, glatt, kühl usw. für den geheimnisvollen Beutel.

ZWEI Sie rät, was es sein könnte, bevor sie den Gegenstand herausnimmt.

Geheimnisvoller Beutel (3 bis 6 Jahre)

Diese »Wundertüte« ist lange Zeit eine Lieblingsbeschäftigung der Kinder. Sie benötigen einen Stoffbeutel oder eine Kiste mit einem Loch zum Hineingreifen. Das Kind soll darin befindliche Gegenstände, die es nicht sieht, fühlen und ertasten. Dazu benötigen Sie mehrere kleine Gegenstände, die Ihr Kind kennt und benennen kann. Sie legen einen Gegenstand hinein und bitten Ihr Kind, ihn mit geschlossenen Augen zu identifizieren. Wenn Ihr Kind richtig rät, tauschen Sie die Rollen. Später können Sie dieses Spiel schwieriger gestalten, indem Sie zum Beispiel verschiedene Münzen, Muscheln oder geometrische Formen dazulegen.

Geruch

Kinder haben einen viel feineren Geruchssinn als die meisten Erwachsenen. Diese beiden Übungen schulen die Wahrnehmungsfähigkeit und lehren Ihr Kind, verschiedene Aromen zu erkennen und zu benennen.

Geruchsdosen (3 bis 5 Jahre)

Füllen Sie sechs helle (Film-)Dosen mit verschiedenen Düften, z. B. Vanille, Zitrone, Pfefferminz, Zimt, Kaffee, Curry, Anis (flüssige Düfte auf einen Wattebausch geben). In die Deckel der Dosen bohren Sie kleine Löcher, damit Ihr Kind daran riechen kann. In weiteren sechs dunklen Dosen (evtl. mit Papier auskleiden) befinden sich die Partnerdüfte, ebenfalls mit vorbereiteten Deckeln. Die hellen wie die dunklen Dosen werden in zwei gut verschließbaren Schachteln aufbewahrt.

Geben Sie Ihrem Kind nun ein helles Döschen, lassen Sie es daran schnuppern und bitten Sie es, das dunkle Döschen mit dem gleichen Duft zu finden. Hat es ein Duft-Pärchen gefunden, stellt es die Dosen zur Seite und nimmt das nächste Döschen.

Kräuterdüfte (3 bis 5 Jahre)

Wenn Sie einen Kräutergarten haben, wird Ihr Kind begeistert die aromatischen Kräuter wie Rosmarin, Lavendel, Basilikum und Thymian schnuppern. Vielleicht hat es sie sogar im Familiengarten selbst gezogen (siehe S. 139)?

Zeigen Sie ihm, wie es einen kleinen Mörser und Stößel benutzt, um die Kräuter zu zerkleinern und sie für die Zubereitung von Speisen zu nutzen, oder wie es Kräutersäckchen oder ein Kräuterpotpourri herstellt, die Ihrer Wohnung einen Wohlgeruch verleihen.

Geruchsdosen Beim Vergleichen und Sortieren von Düften entwickelt Ihr Kind seinen Geruchssinn.

»Kinder haben einen viel feineren Geruchssinn als die meisten Erwachsenen«

Fruchtaromen Frischer Obstsalat bietet eine Erfahrung für alle Sinne – so bunt, aromatisch, lecker duftend und knackig beim Zubeißen.

Geschmackssinn

Es gibt vier Geschmacksrichtungen, die unsere Zunge schmecken kann: süß, sauer, salzig und bitter. Wecken Sie das Bewusstsein Ihres Kindes für Geschmacksrichtungen, indem Sie über verschiedene Nahrungsmittel sprechen: »Mmh, ist der Apfel süß!« Oder: »Die Suppe ist ziemlich salzig! Was meinst du?« Viele Kinder lehnen Speisen mit einem intensiven oder ungewohnten Geschmack erst einmal ab. Vielleicht probiert Ihr Kind bereitwilliger neue Speisen, wenn es neue Düfte und Geschmacksrichtungen durch sensorische Experimente erkundet. Bieten Sie anfangs immer nur eine neue Geschmacksrichtung an. Zum Beispiel können Sie Ihr Kind ein winziges Stück Meerrettich oder etwas Petersilie probieren lassen: »Manche Sachen schmecken bitter. Möchtest du mal versuchen …?«

Bitten Sie Ihr Kind auch einmal, die Augen zu schließen, einen Bissen von einer unbekannten Speise zu nehmen und den Geschmack zu benennen. »Das ist ziemlich zitronig, Mami!« Sie können auch Schmeckfläschchen zusammenstellen (siehe Spalte rechts).

Schmeck -Fläschchen
(3 bis 5 Jahre)

Sammeln Sie acht kleine Fläschchen mit Tropfpipette; markieren Sie vier Fläschchen blau, die anderen vier rot. Nun haben Sie zwei Sets mit je vier Fläschchen. Füllen Sie ein Fläschchen aus jedem Set mit einer Flüssigkeit in einer der vier Geschmacksrichtungen – zum Beispiel Zuckerwasser (süß), Zitronensaft (sauer), Salzwasser (salzig) und mit Wasser verdünnter schwarzer Kaffee (bitter).

Bitten Sie Ihr Kind, seine Hände zu waschen, jedes Set in eine Reihe zu stellen und dann vorsichtig die Pipette von einer Flasche aufzuschrauben und einen kleinen Tropfen auf den linken Handrücken zu geben. Nun soll es ihn langsam mit der Zunge aufnehmen und schmecken. Dann nimmt es ein Fläschchen aus dem zweiten Set, schraubt es auf und gibt einen kleinen Tropfen auf einen Finger der rechten Hand. Schmeckt er gleich? Nein? Stellen Sie dieses Fläschchen beiseite und wiederholen Sie den Vorgang, bis es den passenden Geschmack findet.

Nun wäscht Ihr Kind die Hände und sucht das nächste Geschmackspaar.

KAPITEL
DREI

Alleine machen

DER GRUND-GEDANKE

Hilf mir, es selbst zu tun

Selbstständigkeit ist der größte Antrieb eines kleinen Kindes. Es will unabhängig werden und übt die Fähigkeiten, die es dazu benötigt.

Erste Schritte Kinder bekommen einen Vorgeschmack auf Selbstständigkeit, wenn sie mobil werden.

Von klein auf wollen Kinder die Fähigkeiten üben, die sie für ihre Selbstständigkeit benötigen. Wenn wir Kindern bei jeder sich bietenden Gelegenheit selbstständiges Handeln ermöglichen, so werden sie durch das Tun selbst und dessen Wiederholungen Handlungsabläufe zunächst durchschauen, sie im Lauf der Zeit verinnerlichen und daraus die Fähigkeit entwickeln, diese Handlungen nachzuvollziehen, ja letztendlich auch vorauszuplanen.

Schon in jungem Alter können Kinder im Haus helfen. Sie können ihr Zimmer aufräumen, Gemüse schneiden, kehren, abstauben und in der Küche beim Kochen und Backen helfen. Sie können helfen, den Tisch zu decken, das Essen aufzutragen, Blumen zu arrangieren und Tischdekorationen zu gestalten. Sie lernen Tischmanieren, Gäste begrüßen und gute Gastgeber zu sein. Mit sanfter Anleitung lernen Kinder rasch, ordentlich zu arbeiten, selbst aufzuräumen und bei Pflichten mitzuhelfen, und sie werden diese Fähigkeiten voller Freude üben.

Selbstwertgefühl
Kinder, die sich respektiert und kompetent fühlen, entwickeln weit größeres emotionales Wohlbefinden als Kinder, die verwöhnt werden. Die Aktivitäten in diesem Kapitel sollen Ihnen helfen, Ihrem Kind spezielle Fähigkeiten des alltäglichen Lebens beizubringen, die es

zunehmend selbstständig und selbstbewusst werden lassen. Diese Übungen vermitteln dem Kind nicht nur eine bestimmte Fähigkeit, sondern tragen auch dazu bei, ein Gefühl der Sicherheit, Konzentration, Kooperation, Selbstdisziplin und des Selbstvertrauens zu entwickeln. Auch soziale Ziele werden dabei verfolgt, wie Selbstwahrnehmung, Sensibilität gegenüber anderen und Gemeinschaftsgefühl. Die Eltern müssen diese Fähigkeiten des alltäglichen Lebens vorleben und dabei ausgeglichen, zielstrebig, genau, liebevoll und fürsorglich sein.

Übungen des täglichen Lebens

Diese Übungen der Selbsttätigkeit können in drei Bereiche aufgeteilt werden:
- Sorge für sich selbst
- Sorge für die Umgebung (Alltagspflichten zu Hause)
- Sorge für die Gemeinschaft (Anstand und Höflichkeit, siehe Kapitel 4).

Viele dieser Übungen beinhalten die Beherrschung feinmotorischer Fertigkeiten, zum Beispiel das Zuknöpfen, das Gießen aus einem kleinen Becher oder Tragen, ohne etwas fallen zu lassen oder zu verschütten. Solche Fähigkeiten versuchen die meisten Eltern ihren kleinen Kindern beizubringen. Ich hoffe, Sie werden in diesem Kapitel einige Anregungen finden, die Ihnen diese Bemühungen erleichtern. Den richtigen Zeitpunkt erkennen Sie, wenn Sie sorgsam auf Ihr Kind achten – nicht nur auf seine Worte, sondern auf seine Taten. Irgendwann versucht Ihr Kind zum Beispiel, eine Tasse zu halten. Das wäre dann der richtige Zeitpunkt, ihm beizubringen, ohne Hilfe zu trinken.

Selbstständigkeit erwerben Bald wird Ihr Kind bereit und fähig sein, Dinge allein zu tun.

Kinder lieben Arbeit und Spiel

Kleine Kinder wollen Teil unserer Welt sein. Ihnen macht »Arbeiten« genau so viel Spaß wie Spielen, es gibt für sie keinen Unterschied.

»Kindern muss man neue Tätigkeiten auf einfache Weise vormachen«

Ein Kind lernt durch Nachahmung. Neue Fähigkeiten, die Ihr Kind erlernen soll, lernt es daher am besten, indem Sie sie ihm immer wieder vormachen – schrittweise, langsam, begleitet von einfachen Worten. Geben Sie ihm dann Zeit zum Üben. Lassen Sie es zu, dass es Fehler macht und sie selbst korrigiert.

Betrachten Sie die Welt aus der Perspektive Ihres Kindes. Setzen Sie ihm klare Grenzen und geben Sie vernünftige Richtlinien vor, dann können Sie ihm erlauben, Dinge selbst auszuprobieren und zu erlernen. Dabei erwirbt es Selbstachtung und Selbstvertrauen, die Folge des Gefühls der Selbstständigkeit sind.

Eine Frage der Größe Der erste Schritt besteht darin, kindgerechtes Werkzeug und Gerätschaften in der passenden Größe zu besorgen. Kinder können viele Aufgaben ausüben, wenn sie eine auf ihre Körpergröße abgestimmte Ausstattung dazu haben. Es gibt Kinderzahnbürsten, aber auch Becher, Teller, Gabeln, Löffel, Gießkannen, Schaufeln und Besen für Kinder.

Den Tisch decken Kaufen Sie Kinderbesteck. Malen Sie auf eine Papiertischdecke die Umrisse des Geschirrs und Bestecks auf, dann weiß Ihr Kind, wo es Teller und Gläser hinstellen muss.

Die »wirkliche« Welt

Warum wollen Sie Ihrem Kind eine Spielküche kaufen, wenn es Ihnen doch eigentlich in der »richtigen« Küche helfen will? Natürlich sollen wir ein dreijähriges Kind nicht mit einem Hackbeil oder am Herd hantieren lassen. Doch es gibt viele Aufgaben, die nicht so gefährlich sind und an denen sich Ihr Kind beteiligen kann. Es kann zum Beispiel kalte Speisen rühren, Gemüse waschen oder den Tisch decken. Natürlich wollen Kinder nicht immer das tun, was wir machen, und wenn es lieber spielen will, muss es Ihnen nicht beim Abwasch helfen. Aber wenn Ihr Kind fragt oder zeigt, dass es helfen möchte, leiten Sie es dazu an. Wenn Sie Ihre Küche so gestalten, dass ein kleiner Arbeitstisch und einige kindgerechte Küchengeräte bereitstehen, wird es Ihnen noch lieber und immer wieder helfen wollen.

Schritt für Schritt

Teilen Sie Aufgaben in kleine Schritte auf, so können Sie Ihrem Kind helfen, Schwieriges schrittweise zu meistern. So kann es lernen, wie man Strümpfe sortiert oder den Tisch deckt. Erklären Sie jeden Schritt mit wenigen Worten, während Sie den Vorgang demonstrieren, sodass Ihr Kind sich stärker auf Ihr Tun als auf Ihre Erklärung konzentriert. Dann lassen Sie Ihr Kind üben, bis es jede Phase beherrscht.

Das schrittweise Aneignen von Fähigkeiten lässt sich beim Erlernen des Fahrradfahrens gut nachvollziehen. Zuerst bekommen unsere Kinder ein Dreirad. Sie üben Auf- und Absteigen, Lenken und In-die-Pedale-treten. Dreiräder sind zwar recht ungefährlich, doch sie haben keine Bremse, und so behalten wir unsere Kinder immer im Auge. Irgendwann wünscht sich das Kind dann ein »richtiges Fahrrad«. Wir suchen ein Fahrrad in der passenden Größe aus, das mit Stützrädern ausgestattet ist. Diese Stützräder verleihen dem Fahrrad Stabilität und ermöglichen dem Kind, das Gleichgewicht zu halten und die Pedale, den Lenker und die Bremsen zu betätigen. Langsam wird das Kind sicherer und es bittet uns schließlich, die Stützräder zu entfernen. Und bevor wir es recht bemerken, flitzt es mit seinem Rad durch die Gegend und wir müssen es ständig daran erinnern, seinen Fahrradhelm aufzusetzen!

Schritt für Schritt wird hier eine wichtige Fähigkeit des Alltagslebens durch sorgfältige Planung und geduldige Unterweisung und Unterstützung durch die Eltern erworben. Solche Lektionen erhält das Kind immer wieder. Maria Montessori nannte dies die »Übungen des täglichen Lebens«. Dazu gehören nicht nur körperliche Fertigkeiten, sondern auch soziale Fähigkeiten. Das Kind lernt zum Beispiel, wie es mit Konflikten unter Freunden umgeht, wie es mit seinem Geld wirtschaftet oder eine kleine Party oder einen Ausflug organisiert.

Eine der schwierigsten Aufgaben der Eltern besteht vielleicht darin, Kinder neue Fertigkeiten selbstständig üben zu lassen – ohne ständig bereitzustehen und einzugreifen. Sobald unsere Kinder Fahrrad fahren können, würden wir ihnen keine Stützräder mehr geben; warum ziehen wir ihnen dann die Mäntel oder die Schuhe an, nachdem sie schon lange gelernt haben, dies selbst zu?

Muskelkraft Das Fahrradfahren zeigt, wie man Kindern eine neue Fertigkeit schrittweise beibringt.

Ordnung lernen Bringen Sie Ihrem Kind bei, jeweils nur ein Buch aus dem Regal zu nehmen und es nach dem Anschauen wieder zurückzustellen.

Kennzeichnung Wenn Sie Körbe kennzeichnen, kann Ihr Kind leichter aufräumen.

Einen Sinn für Ordnung

Bei den Übungen des täglichen Lebens ist Ordnung von vorrangiger Bedeutung. In der entscheidenden sensiblen Phase für Ordnung (siehe S. 16) muss die Welt des Kindes gut organisiert und geordnet sein. Wenn man dem Kind beibringt, wo die Dinge hingehören und wie man sie wieder aufräumt, nachdem man sie benutzt hat, verinnerlicht es diesen Sinn für Ordnung und trägt ihn sein Leben lang in sich.

Die meisten Eltern verabscheuen das Chaos, das sich in der Wohnung rasch entwickelt, wenn alles liegen gelassen wird. Doch auch Kinder sind hier sehr empfindlich. Viele Kinder sind zwar Meister darin, Unordnung herzustellen, können aber kaum selbstständig wieder aufräumen. Am besten leiten Sie Ihr Kind zum Aufräumen an, wenn Sie es gemeinsam machen. Manche Kinder scheinen von klein auf einen Sinn für Ordnung zu haben, doch allen Kindern kann man von Anfang an beibringen, beim Arbeiten und Spielen Ordnung zu halten, ohne die Kreativität zu behindern oder fröhliche Spielzeit einzuschränken.

Das Geheimnis besteht darin, eine Grundregel aufzustellen und dem Kind sanft, aber bestimmt beizubringen, dass es zwar mit allen Sachen aus seinen Regalen spielen und werkeln kann, es aber nichts Neues herausnehmen darf, bevor dieses Material aufgeräumt worden ist.

Oft kann man mit einer Kombination bestimmter Spielsachen kreativer spielen – zum Beispiel mit Bauklötzen und Spielzeugautos. In diesem Fall bewahren Sie die beiden Spielsachen zusammen auf. Kinder können spezielle Regeln lernen und wissen bald, dass die Autos und die Bauklötze zusammengehören, weil es Spaß macht, mit ihnen gleichzeitig zu spielen. Entscheidend ist, dass alle Autos und Klötze ins Regal zurückgeräumt werden, bevor Ihr Kind das nächste Projekt in Angriff nimmt.

Kennzeichnung durch Fotos

Bringen Sie an den Körben, in denen Sie die verschiedenen Spielsachen und Materialien aufbewahren, Fotos an, damit Ihr Kind die Sachen richtig einräumen kann. Sie können auch ein Foto an jedem Regalbrett anbringen, das zeigt, wie das Regal aussehen sollte, wenn alle Spielsachen, Spiele, Bücher usw., die dort hingehören, richtig eingeordnet sind. So kann Ihr Kind selbst überprüfen, ob es alles richtig aufgeräumt hat (siehe S. 84).

Praktische Aufbewahrung

Bringen Sie im Kinderzimmer und in den Räumen, in denen sich die Familie am häufigsten aufhält, niedrige Regalbretter an, auf denen Bücher, Spielsachen und Spiele aufbewahrt werden. Suchen Sie nach Möglichkeiten, Spielsachen mit vielen Kleinteilen so aufzubewahren, dass nicht alles verloren geht. Geeignet sind größere Behältnisse, die stabil sind und bei häufiger Benutzung nicht kaputtgehen. Je nach Art des Spielzeugs kann dies ein stabiler Plastikbehälter, ein fester Korb, eine stabile Holzkiste oder vielleicht ein großes Glas oder eine Schüssel sein.

Feste Arbeits-/Spielbereiche

Überlegen Sie bei jedem Spielzeug und jeder Aktivität, die Sie Ihrem Kind ermöglichen, wo es sie problemlos, ohne Schaden anzurichten, durchführen kann. Möglichen Schmutz sollte es selbst wieder beseitigen können. Manche Aktivitäten werden am besten in der Küche oder einem anderen Raum mit einem feucht wischbaren Boden durchgeführt. Manche Tätigkeiten machen im Wohnzimmer Spaß, aber am besten nicht dort, wo alle darüberklettern müssen, wenn sie herein- und herausgehen. Und dann gibt es noch Aktivitäten für draußen, wie Holzarbeiten oder Ballspiele. Dazu ist der Garten der geeignete Ort.

Überlegen Sie all diese Dinge am besten im Vorfeld und bringen Sie Ihrem Kind dann bestimmte Regeln bei. Strafen oder schimpfen Sie nicht, wenn es Fehler macht. Wenn Ihr Kind ein Spielzeug am falschen Ort benutzt, weisen Sie es darauf hin, wo diese Beschäftigung ausgeführt werden sollte. Wenn es Schmutz gemacht hat, können Sie, je nach seinem Alter, erwarten, dass es sauber macht oder zumindest dabei mithilft. Bei Kleinkindern funktioniert das allerdings meist noch nicht. Bei ihnen ist sowieso Vorbeugung die beste Maßnahme! Also denken Sie daran: Ermöglichen Sie Ihrem Kleinkind von vornherein keinen Zugang zu Dingen, die es nicht verwenden sollte.

Kinder spielen oft am liebsten auf dem Boden. Stellen Sie Ihrem Kleinkind Läufer oder Matten zur Verfügung, um einen kleinen Arbeits-/Spielbereich zu schaffen. Ein kleiner Läufer, vielleicht 75 x 120 cm, markiert einen hervorragenden Spielbereich auf dem Boden. Für größere Projekte, zum Beispiel eine Stadt aus Bauklötzen, kann Ihr Kind zwei

Den Läufer ausrollen Ein Teppich schafft einen klar begrenzten Spielbereich Ihres Kindes.

Läufer aneinanderlegen. Lehren Sie Ihr Kind, wie es die Läufer aus- und aufrollt und wieder in einem Korb verstaut.

Sicherer Transport

Denken Sie darüber nach, wie Ihr Kind das Spielzeug oder Arbeitsmaterial selbst vom Regal zu seinem Spielbereich tragen kann. Oft werden die Sachen am besten im Behälter transportiert. Bei anderen Spielsachen, Spielen oder Werkzeugen ist das Tragen dagegen unproblematisch – bei einer Puppe zum Beispiel. Andere Spielsachen bestehen aus vielen Teilen und das gesamte Set kann für das Kind zu groß oder zu schwer sein. Stellen Sie in diesem Fall kleine Tabletts zur Verfügung, auf denen Ihr Kind jeweils mehrere Teile transportieren kann. Das Tragen auf einem Tablett muss Ihr Kind zunächst üben. Zeigen Sie es ihm. Wenn es ihm schwerfällt, kann ein Korb eine gute Alternative sein.

Besitzerstolz

Lehren Sie Ihr Kind, auf seine Spielsachen und andere Besitztümer Acht zu geben. Nehmen Sie sich die Zeit, ihm zu zeigen, wie man mit den Dingen richtig umgeht. Bestrafen Sie es nicht, wenn es etwas kaputt macht, und kaufen Sie auch nicht einfach einen Ersatz, sondern versuchen Sie es zu reparieren. Machen Sie daraus wiederum eine Übung des täglichen Lebens. Leiten Sie Ihr Kind an, Ihnen bei der Reparatur zu helfen, und bringen Sie ihm bei, einfache Reparaturen selbst auszuführen. Zeigen Sie, wie Sie selbst auch Acht geben auf Ihr Heim, und leiten Sie es an, ganz selbstverständlich Sorge für seine Umgebung zu tragen. Lenken Sie seine Aufmerksamkeit auch auf Kleinigkeiten, damit es zum Beispiel im Vorübergehen Papierschnipsel vom Boden aufhebt.

Fehlerkontrolle

Versuchen Sie, möglichst in jede Aktivität eine Fehlerkontrolle einzubauen, damit es Ihrem Kind bewusst wird, wenn es einen Fehler gemacht hat. Wenn Kinder zerbrechliches Geschirr benutzen, lernen sie rasch, umsichtig damit umzugehen. Wenn etwas schiefgeht, erklären Sie ihm noch einmal geduldig, wie es die Aufgabe richtig ausführt. Gleichzeitig erfährt es dabei eine neue Lektion im Problemlösen: »Wie können wir die Scherben aufsammeln?« Oder: »Wie räumen wir die Scherben weg, ohne uns zu verletzen?«

> »Wenn ein Spielzeug oder Spiel kaputt ist, schauen Sie, ob man es reparieren kann, und machen Sie daraus eine neue Übung des täglichen Lebens«

Schöne Spielsachen Kinder haben einen Sinn für die Schönheit von Naturmaterialien wie Holz.

Schönheit und Harmonie Wählen Sie Spielsachen, Werkzeuge und andere Gegenstände des alltäglichen Lebens nach folgenden Kriterien aus: kindgerechte Größe, einfache Handhabung und Schönheit. Tabletts, Krüge und andere Utensilien, mit denen Ihr Kind die Alltagsfertigkeiten übt (siehe S. 98 ff.), sollten möglichst aus guten Materialien, nicht aus minderwertigem Plastik bestehen. Kinder haben einen Sinn für die Schönheit von Holz und ähnlichen Naturmaterialien.

Kleine Kinder haben einen »absorbierenden Geist« und erinnern jede Kleinigkeit ihrer häuslichen Umgebung. Ihr Ziel als Eltern besteht darin, Aktivitäten zu ermöglichen, die das Interesse Ihres Kindes fesseln, und eine Umgebung zu schaffen, die harmonisch und schön ist.

Die Körperpflege

Wenn Ihr Kind lernt, seine Körperpflege selbst zu übernehmen – vom Händewaschen bis zum Zähneputzen –, ist es stolz und erwirbt Selbstvertrauen.

Wasserhähne Es bedeutet einen wichtigen Schritt auf dem Weg zur selbstständigen Körperpflege, wenn man den Wasserhahn bedienen kann.

Viele der Fertigkeiten, die Ihr Kind benötigt, um Sorge für sich selbst zu tragen, erlernt es im Badezimmer. Inspizieren Sie Ihr Badezimmer genau und nehmen Sie erforderliche Veränderungen vor (siehe S. 41), damit es ein sicherer und angenehmer Ort für Ihr Kind ist, an dem es folgende Tätigkeiten übt:

Den Wasserhahn auf- und zudrehen
Ihr Kind braucht einen kleinen Schemel vor dem Waschbecken, damit es den Wasserhahn erreicht. Ein kleines Handtuch zum Händeabtrocknen sollte griffbereit sein.

Zeigen Sie Ihrem Kind, wie es den Abfluss verschließt, und erklären Sie ihm, dass es darauf achten muss, dass das Wasser nicht überschwappt. Zeigen Sie ihm den Griff für kaltes Wasser und erklären Sie: »Das ist der Griff für kaltes Wasser.« Nun zeigen Sie ihm den Griff für warmes Wasser: »Mit diesem Griff drehst du das heiße Wasser auf. Sei dabei sehr vorsichtig. Das Wasser ist so heiß, dass du dich verbrühen kannst.«

Drehen Sie nun langsam das kalte Wasser auf, dann wieder zu. Nun darf es Ihr Kind tun. Wenn es zu schnell dreht, mahnen Sie: »Du musst vorsichtig sein und darfst das Wasser nicht zu schnell aufdrehen, sonst spritzt es in alle

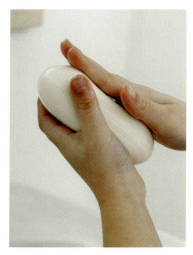

Das Wunder Seife Seife löst Keime von der Haut und spült sie in den Abfluss.

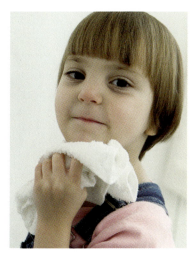

Schön sauber Legen Sie Ihrem Kind eigene Waschlappen und Handtücher in Reichweite.

Richtungen.« Nun bitten Sie Ihr Kind nochmals, das Wasser aufzudrehen. Seien Sie nicht überrascht, wenn es den Hahn voll aufdreht. Ziel der Übung ist es, ihm beizubringen, wie es den herausfließenden Wasserstrahl kontrollieren kann. Wiederholen Sie die Übung, wenn nötig. Weisen Sie immer wieder darauf hin, welches der Griff für kaltes und welches der Griff für heißes Wasser ist und wie man den Wasserstrahl reguliert.

Sobald Ihr Kind das kalte Wasser an- und abdrehen kann, bitten Sie es, dasselbe mit dem heißen Wasser zu tun. Wenn Sie einen Einhebelmischer haben, üben Sie zunächst in der Stellung für kaltes Wasser. Erklären Sie: »Wenn wir das kalte Wasser zuerst aufdrehen und den Hebel dann nach rechts in die Stellung für heißes Wasser schieben, mischt sich das Wasser und es wird warm, aber nicht heiß.« Zeigen Sie Ihrem Kind, wie es vorsichtig im Wasserstrahl die Temperatur des fließenden Wassers überprüft. Zeigen Sie ihm auch, wie es die Temperatur verändern kann, indem es das Warmwasser stärker aufdreht oder die Wasserstärke reduziert. Wenn Sie getrennte Griffe für kaltes und heißes Wasser haben, müssen Sie Ihrem Kind zeigen, wie es etwas kaltes Wasser in das Waschbecken einlässt und anschließend das Warmwasser aufdreht und heißes Wasser dazulaufen lässt, bis das Wasser im Waschbecken warm ist.

Spaß mit Wasser

Kinder lieben es, mit Wasser zu spielen. Richten Sie Ihrem Kind einen Platz ein, wo es unbedenklich seine Wasserspiele machen kann. Das kann das Waschbecken sein, eine Schüssel oder eine Aquabox, die Sie im Spielwarenhandel erhalten. Stellen Sie sie am besten im Garten auf.

Für Wasserspiele stellen Sie Regeln auf, zum Beispiel: Nicht spritzen! Spitze Gegenstände oder elektrische Geräte sind in der Nähe des Wassers absolut verboten.

Wasserräder, Boote, ein Trichter und Flaschen, die das Kind mit Wasser füllen kann, machen ihm viel Freude.

Zahnpflege Kaufen Sie Ihrem Kind eine kleine Zahnbürste und bringen Sie ihm bei, die Zähne nach jeder Mahlzeit zu putzen.

Hände waschen
Sobald Ihr Kind weiß, wie der Wasserhahn funktioniert, bringen Sie ihm bei, wie es mit Seife und warmem Wasser seine Hände wäscht. Eine der wirksamsten Methoden, die Ausbreitung von Infektionen einzudämmen, besteht darin, das Kind anzuleiten, häufig die Hände unter fließendem Wasser mindestens 30 Sekunden lang mit Seife zu waschen. Seife tötet die Keime nicht ab, aber sie löst den Schmutz. So wird ein Großteil der Keime, die an schmutzigen Händen haften, abgewaschen und gelangt in den Abfluss. Erklären Sie Ihrem Kind mit einfachen Worten, warum es die Hände auf diese Weise waschen soll.

Zähne putzen
Zum Zähneputzen benötigt Ihr Kind eine kleine Zahnbürste, eine angenehm schmeckende Kinderzahnpasta, einen Spiegel und etwas Anleitung. Fragen Sie Ihren Zahnarzt, welche Zahnbürste und Zahnpasta er empfiehlt und wie die Zähne am besten geputzt werden. Dann bringen Sie Ihrem Kind bei, die Zähne nach dieser Methode zu putzen. Grundsätzlich gilt, dass Ihr Kind die Zähne nach jeder Mahlzeit putzen sollte. Vergessen Sie nicht, ihm zu erklären, warum das Zähneputzen so wichtig ist.

Badezeit
Sie werden Ihr Kind so lange nicht beim Baden allein lassen, bis Sie sicher sind, dass ihm dabei nichts passieren kann. Es darf sich selber waschen, wenn Sie ihm beigebracht haben, wie man einen Waschlappen benutzt und sich die Haare wäscht.

Kämmen
Stellen Sie Ihrem Kind eine eigene Bürste oder einen Kamm zur Verfügung und zeigen Sie ihm, wie es seine Haare bürstet und kämmt. Wenn es möchte, dass Sie ihm die Haare richten, dann ist das in Ordnung. Ihre Tochter möchte vielleicht bald lernen, wie sie ihre Frisur mit einfachen Haarspangen und Bändern gestalten kann.

Ordentlich gekämmt Eine eigene Haarbürste oder ein Kamm spornt Ihr Kind an, auf sein Aussehen zu achten.

Die **Körperpflege** 89

Schnell gelernt Stellen Sie die Utensilien Ihres Kindes auf ein kleines Tablett.

Die Sauberkeitserziehung beginnen

Kinder lernen dann, auf die Toilette oder das Töpfchen zu gehen, wenn sie von ihrer Entwicklung her dazu bereit sind, und nicht dann, wenn ihre Eltern sie dazu erziehen wollen. Die Bereitschaft, die Toilette zu benutzen, statt Windeln zu tragen, hängt stark von der Reife des Nervensystems ab, ebenso wie von dem Wunsch des Kindes, selbstständig und groß zu sein. Dieser Zeitpunkt ist von Kind zu Kind verschieden. Sie können diesen Prozess nicht beschleunigen. Liebevolle Geduld ist die richtige Einstellung. Doch auch hier können wir, wie in vielerlei Bereichen des Lebens unseres Kindes, eine förderliche Umgebung schaffen und unterstützend wirken, wenn wir verstehen, wie sich diese Entwicklung vollzieht.

Bei der Geburt sind Gehirn und Nervensystem des Kindes noch nicht vollständig entwickelt. Zwischen der Geburt und dem 18. Lebensmonat werden die Zellen des Nervensystems von einer Myelin-Schicht ummantelt, einer fetthaltigen Substanz, die die Übertragung von Impulsen von Zelle zu Zelle erleichtert und damit die Wirksamkeit des Nervensystems erhöht. Dadurch wird eine immer bessere Kontrolle und Koordination der Bewegungen möglich.

Dieser Prozess der Myelisation oder Integration des Nervensystems entwickelt sich in Phasen. Babys gewinnen zunächst die Kontrolle über ihren Kopf, dann über Arme und Rumpf und allmählich über Beine und Füße. Aus den anfangs zufälligen Bewegungen werden bewusste, zielgerichtete Bewegungen.

Neugierde Viele Kinder interessieren sich mit etwa einem Jahr für die Toilette. Sie betätigen die Spülung und wollen sogar mit dem Wasser in der Toilettenschüssel spielen. Wenn dies bei Ihrem Kind der Fall ist, ermöglichen Sie ihm geeignete Spiele mit Wasser, zum Beispiel in der Badewanne. Etwa um diese Zeit sind Kinder auch von ihren eigenen Ausscheidungen fasziniert. Seien Sie nicht überrascht oder peinlich berührt. Erklären Sie Ihrem Kind einfach, dass der Körper auf diese Weise die Nahrungsbestandteile wieder ausscheidet, die er nicht verwerten kann.

Mit 15 Monaten möchten sich viele Kinder auch selbst an- und ausziehen. Solche Zeichen deuten darauf hin, dass sie nun lernen können, auf die Toilette oder das Töpfchen zu gehen.

Tipps zur Sauberkeitserziehung

- **Haben Sie Geduld** und machen Sie Mut.
- **Gestalten Sie Ihr Badezimmer so,** dass die Selbstständigkeit Ihres Kindes gefördert wird.
- **Ziehen Sie Ihrem Kind tagsüber Trainerwindeln** aus Baumwolle an.
- **Zeigen Sie Ihrem Kind, wie es sich auszieht,** sauber macht, sich wieder anzieht und die Toilette spült.
- **Erklären Sie** die Körperfunktionen.
- **Halten Sie alte Handtücher bereit.**
- **Wenn ein Malheur passiert,** seien Sie verständnisvoll.

Mit etwa 18 Monaten beginnt eine sensible Phase, in der Kinder besonders leicht Kontrolle über ihr nun viel weiter entwickeltes und integriertes Nervensystem gewinnen können. In dieser Phase verfügen die meisten Kinder sowohl über die körperlichen Voraussetzungen als auch über das Interesse, Blase und Darm zu kontrollieren.

Wie ein großer Junge

Das Nervensystem des Kindes ist nun viel weiter entwickelt und in der Lage, körperliche Empfindungen bewusst wahrzunehmen und die Blasen- und Schließmuskulatur zu kontrollieren. Wenn Sie Ihrem Kind in dieser Phase tagsüber Baumwollhöschen statt Windeln anziehen, wird es zwar ein gelegentliches Missgeschick geben, aber Ihr Kind wird es auch sofort bemerken. Kinder, die Wegwerfwindeln tragen, spüren das Einnässen kaum. Wenn sie Höschen tragen, können sie das Gefühl einer vollen Blase besser wahrnehmen und sind stolz darauf, wenn sie die Toilette benutzen wie ein großer Junge oder ein großes Mädchen.

Viele Kinder möchten nun in Nachahmung ihrer Eltern oder Geschwister auf die Toilette oder das Töpfchen gehen, selbst wenn sie Blase und Darm noch nicht beherrschen. Unterstützen Sie behutsam dieses Interesse Ihres Kindes. Zeigen Sie ihm in aller Ruhe, wie es seine Hose herunterzieht, sich auf die Toilette setzt, mit Toilettenpapier den Popo abwischt, seine Hose wieder hochzieht, die Toilette spült und die Hände wäscht.

Seien Sie auf Missgeschicke gefasst. Bleiben Sie in diesem Fall gelassen und beruhigen Sie Ihr Kind. Bewahren Sie saubere Höschen für Ihr Kind zugänglich auf sowie einen Stapel mit alten Handtüchern zum Saubermachen. Helfen Sie Ihrem Kind, wenn es darum bittet oder verzweifelt ist, aber stürzen Sie nicht ungerufen herbei, sonst schämt es sich.

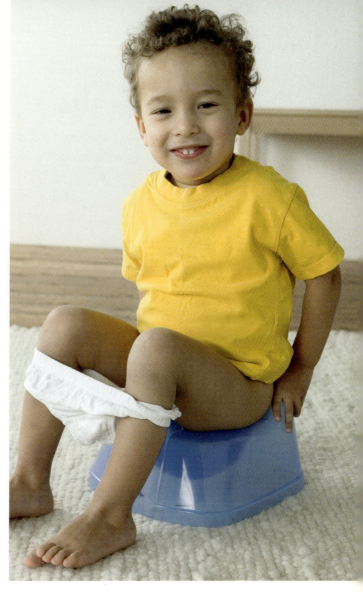

Ich kann es Lernen, aufs Töpfchen zu gehen, ist ein natürlicher Prozess, der Folge der neurologischen Entwicklung und des Wunsches nach Selbstständigkeit ist.

AKTIV SEIN

Perfekt gemeistert Wenn Sie Ihrem Kind Zeit zum Üben geben, wird es bald auch mit komplizierten Verschlüssen umgehen können.

Sich selber anziehen

In kürzester Zeit wird sich Ihr Kind im Handumdrehen selbst an- und ausziehen.

Irgendwann zwischen sechs Monaten und einem Jahr streckt Ihr Kind vermutlich eine Hand oder einen Fuß aus, wenn es angezogen wird. Mit etwa 18 Monaten wollen viele Kleinkinder Unterhöschen tragen wie ihre älteren Geschwister oder Freunde (siehe S. 90 f.). Es ist nicht selten, dass Kinder in diesem Alter die Kleidung ihrer älteren Geschwister oder der Eltern anprobieren. Dies sind Anzeichen dafür, dass Ihr Kind lernen kann, sich selbst anzuziehen.

Nehmen Sie sich nun Zeit für ein paar lustige Verkleidungsaktionen mit Hüten, Schals und Schuhen. Setzen Sie sich neben Ihr Kind auf den Boden und ziehen Sie beide lange Hosen an, dann Strümpfe und ein T-Shirt. Machen Sie vor, wie man sich anzieht.

Alles in Reichweite
Bei den Ausführungen über die Gestaltung des Kinderzimmers (siehe S. 41 ff.) wurde schon erwähnt, wie wichtig es ist, Kleiderhaken, Bügel, Regale und Körbe so niedrig anzubringen, dass Ihr Kind an sie herankommt. Schubladen sollte es selber herausziehen können. Schauen Sie sich das Kinderzimmer genau an und stellen Sie sicher, dass es alles Nötige erreichen kann.

Erst üben

Lassen Sie Ihr Kind Fähigkeiten, die es zum Anziehen benötigt, zunächst frei üben.

Zuknöpfen Erlauben Sie Ihrem Kind, das Auf- und Zuknöpfen an einem auf dem Boden liegenden Kleidungsstück zu üben.

Rahmen mit Schleifen Hier sind verschiedenfarbige Schnürsenkel oder Bänder befestigt, mit denen das Kind das Schleifenbinden übt.

Ich kann mich selbst anziehen! Mit etwa 18 Monaten zeigt Ihr Kind verstärkt Interesse daran, sich selbst anzuziehen.

Wenn Ihr Kind älter und selbstständiger wird, geben Sie ihm Wahlmöglichkeiten. Legen Sie zwei Garnituren Oberbekleidung heraus, aus denen sich Ihr Kind eine aussuchen kann. Besprechen Sie am Abend, welche Kleidung es am nächsten Tag tragen möchte. Kaufen Sie Kleidung, die ein Kleinkind mühelos selbst an- und ausziehen kann. Praktisch sind Hosen mit Gummiband statt mit Gürtel. Verzichten Sie auf Kleidung mit vielen Knöpfen oder Reißverschlüssen, bis Ihr Kind diese Herausforderung meistern kann. Wählen Sie Schuhe zum Hineinschlüpfen oder mit Klettverschluss. Haben Sie Geduld. Übung macht den Meister.

SICH FERTIG MACHEN Lassen Sie Ihr Kind als Erstes das Anziehen einfacher Kleidungsstücke wie Mütze und Schal üben.

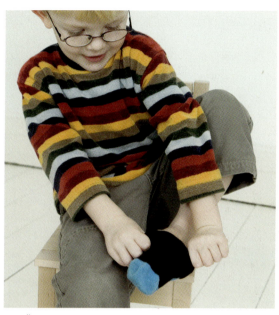

STRÜMPFE AN Das Strümpfe-Anziehen erfordert manuelle Geschicklichkeit. Zeigen Sie ihm, wie man hineinschlüpft und sie hochzieht.

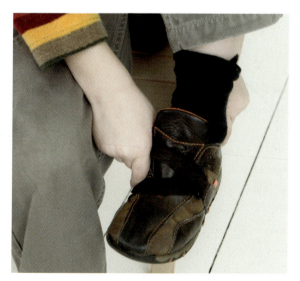

SCHUHE MIT KLETTVERSCHLUSS Diese Schuhe lernt Ihr Kind schnell allein anzuziehen.

SCHNÜRSENKEL BINDEN Ein Rahmen mit Schleifen (siehe gegenüberliegende Seite) ist hilfreich, wenn Ihr Kind anfängt, diese Fertigkeit zu üben.

Schritt für Schritt: einen Mantel anziehen

EINS Max legt seinen Mantel mit der Innenseite nach oben auf den Boden und hockt sich oben vor die Kapuze.

ZWEI Er schiebt seine Hände in die Ärmel, hebt den Mantel über seinen Kopf.

DREI Der Mantel fällt über seinen Rücken und Max streicht die Vorderseite glatt: »Schau, ich kann es allein!«

Am schwierigsten ist es für viele kleine Kinder, einen Mantel anzuziehen. Immer wieder verfangen sich sogar Erwachsene in den Ärmeln. Wenn in Montessori-Kindergärten im Winter eine große Kindergruppe gleichzeitig den Mantel anziehen muss, ist es gut, wenn sie sich selbst und einander gegenseitig helfen können. Auch zu Hause lässt sich diese Technik leicht erlernen und umsetzen.

Gut vorbereitet

Statten Sie Ihren Flur mit Schuhregalen und einem niedrigen Haken aus, an dem Ihr Kind seinen Mantel aufhängen kann (siehe S. 41). Zeigen Sie ihm, wie es die Mantelärmel jedes Mal beim Aufhängen richtig herausstülpt. Nun zeigen Sie ihm, wie es seinen Mantel entsprechend den Schritten in der Abfolge oben anzieht. Wichtig ist, sich dem Mantel von oben zu nähern (viele Kinder haben die ersten Male den Mantel verkehrt herum an); bringen Sie ihm daher diesen Schritt ganz genau bei. Wenn Ihr Kind diesen Trick beherrscht, empfindet es ein großartiges Gefühl der Unabhängigkeit und des Stolzes. Also lassen Sie es üben, so viel es will.

Sich selber **anziehen** 97

VIER Nachdem er es bis zur Perfektion geübt hat, kann Max nun seinen Mantel ganz allein in weniger als 30 Sekunden anziehen. Das macht ihn sehr stolz.

Schuh-Ordnung

Das paarweise Zusammenstellen von Schuhen hilft Ihrem Kind, seine Schuhe zu finden, und es weiß gleich, welches der linke und der rechte Schuh ist.

Im Haushalt helfen

Kleine Kinder wollen bei uns Erwachsenen sein. Und meistens wollen sie uns auch helfen und sich nützlich und groß fühlen.

> »Betrachten Sie Pflichten im Haushalt als eine Angelegenheit der ganzen Familie, bei der die Mithilfe der Kinder willkommen ist«

Betrachten Sie die Pflichten im Haushalt als eine Angelegenheit der ganzen Familie, bei der die Mithilfe auch kleiner Kinder willkommen ist. Ihre Kinder werden stolz sein, wenn sie daran teilhaben, Haus und Garten ordentlich und sauber zu halten. Arbeit sollte nie als eine Last betrachtet werden, sondern als eine Aktivität, die Ordnung schafft und Erfüllung bringt.

Natürlich können Kinder das meiste noch nicht, und oft scheint es einfacher zu sein, etwas rasch selber zu erledigen. Doch wenn wir uns die Zeit nehmen, die Umgebung vorzubereiten, und unseren Kindern geduldig erklären, wie man bestimmte Aufgaben Schritt für Schritt erledigt, vermitteln wir ihnen auch hier wieder wichtige Fähigkeiten und eine positive Einstellung zur Arbeit.

Der richtige Zugang
Besorgen Sie zunächst kindgerechte Gerätschaften. Ihr Kind benötigt einen kleinen Besen, Schaufel und Eimer, einen eigenen Staubwedel und Putzlappen. Es muss wichtige Arbeitsbereiche erreichen können, zum Beispiel das Spülbecken in der Küche. Stellen Sie ihm dazu einen stabilen Hocker zur Verfügung.

Wir Erwachsenen erledigen unsere Pflichten automatisch, ohne über den Vorgang selbst nachzudenken. Kinder haben diese Tätigkeiten jedoch

Im **Haushalt** helfen 99

Schritt für Schritt: kehren

EINS Ein markiertes Viereck auf dem Küchenboden zeigt Katrin, wohin sie den Schmutz kehren soll.

ZWEI Sie hat schon gelernt, den Besen mit beiden Händen zu halten und sorgfältig zu kehren.

DREI Zum Schluss kehrt Katrin den Schmutz mit einem Handbesen auf eine Kehrschaufel. Sie hält die Schaufel gerade, steht vorsichtig auf und behält sie die ganze Zeit im Blick, während sie sie zum Mülleimer trägt.

Abwaschen und abtrocknen
Sven trocknet das Geschirr nach dem Abendessen vorsichtig ab.

Ihre kleinen Gehilfen

Spaß mit Wasser Lilly liebt das Abwaschen – das macht ihr genauso viel Spaß wie Wasserspiele.

Glänzende Schuhe Das Polieren der Schuhe verschafft Luc ein Erfolgserlebnis.

Abstauben Eine von Freds Lieblingsbeschäftigungen ist es, mit dem Staubwedel bei der Hausarbeit zu helfen.

noch nicht verinnerlicht. Für sie muss man komplexe Aufgaben in kleine Schritte zerlegen. Wenn Ihr Kind eine Fertigkeit erlernt, ist es wichtig, jeden Schritt zu ritualisieren und sicherzustellen, dass alle Schritte jedes Mal gleich ausgeführt werden. Kinder lernen durch Übung und Wiederholung. Seien Sie nicht überrascht, wenn Ihr Kind eine Tätigkeit wochen- oder monatelang immer und immer wieder ausübt, bis es diese Fertigkeit beherrscht.

Natürlich sollen Kinder nicht zu kleinen Bediensteten gemacht werden. Manchmal wird Ihr Kind zu unsicher sein, um bei einer Tätigkeit zu helfen, ein anderes Mal ist es völlig mit einer anderen Aktivität beschäftigt. Die Motivation zu helfen erfolgt normalerweise aus seinem Wunsch nach Ihrer Aufmerksamkeit und Anerkennung heraus. Ihr Kind will bei Ihnen sein und sich an Ihrer Arbeit beteiligen. Wenn Sie die Sache richtig angehen, ohne zu nörgeln, ohne Ungeduld oder Kritik oder das Nachbessern einer Aufgabe, die Ihr Kind schon erledigt hat, wird es Spaß daran haben, Ihnen zu helfen.

Linsen schütten Lilly übt, Linsen von einem Krug in den anderen zu schütten.

Wasser gießen Danach übt Lilly das Gießen mit Wasser; dabei hält sie den Krug mit beiden Händen.

Gießen lernen

Das Eingießen von Flüssigkeiten lässt sich viel leichter erlernen, wenn Sie Ihrem Kind kleine Krüge oder Becher mit Henkeln geben, die in Kinderhände passen und auch voll nicht zu schwer sind. Das Eingießen wird noch einfacher, indem Sie Ihrem Kind zunächst beibringen, etwas Trockenes, wie ungekochten Reis oder Linsen, von einem kleinen Krug in einen anderen zu schütten. Für diese erste Übung sind kleine Krüge am besten geeignet. Wenn Sie die Krüge – oder auch Becher – auf ein buntes Tablett stellen, kann Verschüttetes nach der Übung problemlos zurückgeschüttet werden.

Zeigen Sie Ihrem Kind, wie es den Henkel des Krugs mit seiner geschickteren Hand greifen kann. Dann machen Sie ihm vor, wie es den Krug mit der anderen Hand unten am Boden stützt. Auf diese Weise kann Ihr Kind den Gießvorgang genau kontrollieren. Die Übung besteht darin, Reis oder Linsen von einem Krug in den anderen zu schütten. Danach kann es den Inhalt zurückschütten. Betonen Sie Ihrem Kind gegenüber, wie wichtig es ist, vorsichtig zu sein. »Liebling, probier mal, ob du den Reis von einem Becher in den anderen schütten kannst, ohne dass ein einziges Korn danebengeht.«

Selbstständigkeit Lilly kann nun Wasser vorsichtig eingießen, ohne etwas zu verschütten. Wenn sie Durst hat, kann sie sich selbst etwas zu trinken eingießen.

Mit dem Löffel
essen

Gute Tischmanieren sind wichtig. Um Speisen ohne zu kleckern vom Teller in den Mund zu befördern, müssen Kinder über eine gewisse feinmotorische Kontrolle verfügen. Diese für saubere Mahlzeiten erforderlichen Fertigkeiten können Sie spielerisch im Umgang mit Schüsseln, Löffeln und Gabeln üben. Stellen Sie auf ein Tablett zunächst zwei Schüsseln, von denen eine ein Nahrungsmittel enthält, das sehr einfach zu löffeln ist, zum Beispiel getrocknete Bohnen. Sie benötigen nun einen Kinderlöffel. Zeigen Sie Ihrem Kind, wie es die Bohnen, eine nach der anderen, von einer Schüssel in die andere löffelt. Bitten Sie Ihr Kind, es selbst auszuprobieren.

Anschließend ersetzen Sie die großen Bohnen durch ein kleineres Produkt, zum Beispiel ungekochten Reis. Wiederholen Sie den Vorgang.

Nach der gleichen Methode können Sie Ihrem Kind den Umgang mit der Gabel beibringen. Wählen Sie auch dazu geeignete Nahrungsmittel, zum Beispiel Käsewürfel oder gekochte grüne Erbsen.

Wenn Ihr Kind diese Aufgabe beherrscht, können Sie den Schwierigkeitsgrad weiter erhöhen, indem Sie ihm größere Krüge geben und es danach versuchen lassen, den Reis vom Krug in ein Glas zu schütten. Geben Sie dabei nicht mehr Reis in den Krug, als das Glas fassen kann. Wenn Ihr Kind darin Übung hat, füllen Sie Wasser statt Reis in den Krug. Fordern Sie es auf, das Wasser ohne einen Tropfen zu verschütten in das Glas zu gießen.

Denken Sie daran, dass man diese Fertigkeit nicht an einem Tag erlernt. Die meisten Kinder müssen monatelang üben, um die dabei benötigte Augen-Hand-Koordination zu erwerben.

Mit dem Messer umgehen Lassen Sie Ihr Kind den Umgang mit einem Messer an weichen Nahrungsmitteln, zum Beispiel einer Banane, üben.

Im **Haushalt** helfen 105

Einen Imbiss zubereiten Tom streicht Frischkäse auf eine Scheibe Knäckebrot.

Bananen schneiden Nun schneidet er vorsichtig eine Banane in Scheiben und legt sie auf sein Knäckebrot.

Alles fertig Tom kann schon Saft aus seinem kleinen Saftkrug gießen. Nun ist seine Zwischenmahlzeit komplett.

Eine Zwischenmahlzeit zubereiten

Ihr Kind wird viel lieber gesunde Zwischenmahlzeiten zu sich nehmen, wenn es sie selbst zubereiten darf. Bringen Sie Ihrem Kind zunächst bei, wie es ein kleines Messer benutzt. Wählen Sie eines mit einer abgerundeten Spitze, zum Beispiel ein Käsemesser oder ein spezielles Kindermesser. Zeigen Sie Ihrem Kind, wie es das Messer richtig in die Hand nimmt und damit Butter, Marmelade und Ähnliches auf eine Scheibe Brot streicht.

Sobald es das Aufstreichen beherrscht, zeigen Sie ihm, wie es mit dem Messer weiche Speisen, zum Beispiel eine Banane, schneidet. Wenn es seine Handbewegungen zielgerichteter ausführen kann, lassen Sie es festere Nahrungsmittel, wie Karotten und Sellerie, schneiden.

Stellen Sie sicher, dass Ihr Kind die Zutaten und das Besteck, die für die Zubereitung eines Snacks erforderlich sind, erreichen kann. Im Kühlschrank nutzen Sie dazu am besten das unterste Fach.

Nun bitten Sie Ihr Kind, einen Teller mit Bananenscheiben und einigen mit Butter und Marmelade bestrichenen Scheiben Knäckebrot vorzubereiten. Legen Sie einige Zahnstocher dazu, mit denen man die Bananenscheiben aufspießen kann. Nun darf Ihr Kind den Teller den anderen Familienmitgliedern anbieten.

KAPITEL
VIER

Erziehung zum Frieden

DER GRUNDGEDANKE

Eine liebevolle Atmosphäre

Durch unser Vorbildverhalten, durch Geborgenheit und Liebe ermöglichen wir unseren Kindern, gutes Benehmen zu entwickeln.

Nachhaltigkeit Glückliche Momente hinterlassen im Gedächtnis Ihres Babys einen bleibenden Eindruck.

In einem Zuhause, in dem der Geist Montessoris herrscht, bemühen sich die Eltern, empathisch und liebevoll zu sein; sie respektieren ihre Kinder als eigenständige menschliche Wesen. Kinder müssen Einfühlungsvermögen entwickeln und höfliches Benehmen im Alltag erlernen. Dazu helfen wir ihnen, Selbstachtung und Respekt zu erwerben. Wir können nicht immer bei unseren Kindern sein, daher müssen wir ihnen beibringen, immer integer und ehrenwert zu handeln – egal ob jemand zuschaut oder nicht. Wir können sie nicht auf jede Situation, mit der sie im Laufe der Jahre konfrontiert werden, vorbereiten, aber wir können ihnen beibringen, wie man neue Situationen mit Anstand und Selbstsicherheit meistert.

Das Verhalten des Babys
Babys und Kleinkinder reagieren nicht auf Disziplin, Regeln und Bestrafungen, aber sie reagieren auf bedingungslose Liebe.

Eines der Geheimnisse eines glücklichen Lebens mit sehr jungen Kindern besteht darin, das zu verstehen, was sie uns durch ihr Schreien mitteilen wollen. Das Schreien und Weinen ist eines ihrer wenigen Kommunikationsmittel. Es kann bedeuten, dass sie hungrig sind oder aufstoßen müssen; vielleicht liegen sie unbequem oder brauchen eine frische Windel.

Denken Sie daran: Auch Babys sind Menschen. Sie können Angst haben. Sie können Langeweile haben oder sich einsam fühlen. Sie können schlecht träumen. Beobachten Sie genau und hören Sie gut zu. Wenn Sie Ihrem Kind Aufmerksamkeit schenken, werden Sie bald wissen, was es Ihnen sagen will. Das Verhalten von Babys und Kleinkindern ist von inneren Impulsen getrieben, und sie verfügen nur über eine beschränkte Fähigkeit, selbst grundlegende Regeln zu befolgen. Auch wenn Sie immer ein gutes Vorbild sind und erklären, warum ein bestimmtes Verhalten erwartet wird, seien Sie nicht überrascht, wenn Ihre Worte ungehört bleiben.

In einem Klima der Liebe und des Respekts entwickeln Kleinkinder die Fähigkeit, unsere Worte und Wünsche zu verstehen, und sie werden bald bewusst darauf reagieren. Mit der Zeit werden sie unser höfliches Verhalten imitieren und »kooperieren«.

Schnell gelernt Sie werden lernen, Unterschiede im Schreien Ihres Babys zu erkennen und seine Gefühle zu verstehen.

Eltern als Lehrer Als Eltern müssen wir unseren Kindern beibringen, wie man mit Gefühlen umgeht und sie in angemessener Weise ausdrückt.

Ältere Kinder leiten

Unsere Kinder lieben uns aus tiefstem Herzen und wollen uns Freude machen. Unser Ziel besteht darin, sie über bloßen Gehorsam hinauszuführen. Sie sollen das, was wir verlangen, nicht aus der Hoffnung auf eine Belohnung heraus tun oder um unerfreuliche Konsequenzen zu vermeiden. Letztlich wollen wir, dass sie einen Sinn für höfliches, einfühlsames Verhalten und für richtig und falsch entwickeln. Dazu müssen Kinder mit zunehmender Reife ein soziales Bewusstsein und Selbstdisziplin erwerben.

Kinder haben dieselben Gefühle wie Erwachsene. Doch es gibt kein instinktives, angeborenes Wissen darüber, wie man Frustration und Wut angemessen ausdrückt noch wie man Konflikte löst. Als Eltern müssen wir unseren Kindern beibringen, wie man mit anderen Menschen auskommt. Eltern vermitteln immer auch moralische Werte. Unser Ziel besteht darin, unseren Kindern die Werte zu vermitteln, die uns wichtig sind, und sie ihnen so einsichtig zu machen, dass sie nach ihnen leben. Kinder, die moralische

Werte verinnerlicht haben, entwickeln ein hohes Maß an Selbstachtung. Es fällt ihnen auch leichter, gute Freundschaften aufzubauen. Sie respektieren die Rechte der anderen und sind allgemein beliebt.

Setzen Sie auch bei Ihrem älteren Kind nicht voraus, dass es weiß, wie es sich in einer neuen Situation verhalten muss. Es ist besser, Kindern positive Verhaltensmuster beizubringen, als abzuwarten, bis sie sich verkehrt benehmen, und dann zu strafen. Wenn Ihr Kind sich danebenbenimmt, beenden Sie sein Fehlverhalten ruhig, aber bestimmt, und zeigen Sie ihm, wie es die Situation in einer sozial akzeptablen Weise meistert.

> »Es ist besser, Kindern positive Verhaltensmuster beizubringen, als bei Fehlverhalten zu schimpfen«

Die Bedeutung des Respekts

Manche Eltern und Lehrer glauben, dass sie die Persönlichkeit und die Zukunft eines Kindes durch strenge Disziplin formen können. Aber Kinder tragen in sich selbst den Schlüssel zu ihrer Entwicklung. Ihre Anlagen bestimmen nicht nur die körperliche, sondern auch die geistig-charakterliche Entwicklung. Von klein an versuchen sie ihre Persönlichkeit auszudrücken. Leider neigen wir Eltern zur Überbehütung und erkennen oft nicht, dass Kinder nur durch Erfahrungen etwas über das Leben lernen können.

Wir möchten, dass unsere Kinder lernen, in Frieden und Harmonie mit sich selbst, mit allen Menschen und mit ihrer Umgebung zu leben. Wir bemühen uns, eine Umgebung zu schaffen, in der sie lernen können, selbstständige, besonnene Menschen zu werden. Damit dies gelingt, müssen wir sie respektvoll als vollwertige menschliche Wesen behandeln, die vorübergehend in unserer Obhut sind. Unsere Kinder müssen spüren, dass es gut ist, sie selbst zu sein. Wenn sie das Gefühl haben, unseren Erwartungen nicht zu entsprechen, dann besteht eine hohe Wahrscheinlichkeit, dass sie im späteren Leben emotionale Probleme haben werden.

Trotzanfälle meistern

Während eines Trotzanfalls können Kinder wie Eltern völlig die Beherrschung verlieren – doch Sie sollten die Nerven bewahren.

»Ein Trotzanfall kann der Versuch Ihres Kindes sein, seine Grenzen zu testen, um zu sehen, wie Sie reagieren«

Das Trotzalter ist die typische Zeit der Wutanfälle. Manche Kinder behalten dieses Verhalten jahrelang bei, wenn sie feststellen, dass sie auf diese Weise ihren Willen durchsetzen können. Wutanfälle sind besonders häufig, wenn das Kind übermüdet, ausgehungert, emotional überfordert ist oder sich krank fühlt. Sobald Ihr Kind sein Verhalten bewusst steuern kann, können Wutanfälle eine Methode werden, Grenzen auszureizen.

Kinder suchen sich immer den denkbar ungünstigsten Zeitpunkt für einen Trotzanfall: beim Autofahren, Einkaufen, im Restaurant oder bei Freunden. Und gerade dann, wenn Sie nie damit rechnen würden, dass Ihr Kind eine Szene macht, bekommt es seinen Trotzanfall. Instinktiv versuchen wir dann, irgendetwas zu machen, damit das Kind »aufhört«. Häufig reagieren Eltern mit Drohungen und Strafen. Wir sollten uns stattdessen daran erinnern, dass der Trotzanfall einen bestimmten Grund hat. Was drückt das Kind damit aus? Die einzig wirksame Abhilfe besteht darin, der Sache auf den Grund zu gehen und zu versuchen, die Bedürfnisse des Kindes herauszufinden.

Verschiedene Ursachen Es besteht ein großer Unterschied, ob das Kind trotzt, weil es müde, hungrig oder krank ist oder weil

es wütend und frustriert ist und seine Grenzen testen will. Im ersten Fall müssen Sie nur die Ursache herausfinden, sich ruhig und unaufgeregt verhalten und dem Kind mit einer Zwischenmahlzeit oder mit Ruhe, Geborgenheit und Trost weiterhelfen. Hier liegt eindeutig ein bestimmtes körperliches Bedürfnis zugrunde, das befriedigt werden kann – auch wenn es zunächst peinlich ist, wenn das Kind im Supermarkt oder an einem öffentlichen Ort lostobt.

Daneben gibt es aber auch Trotzanfälle, die eine Art Machtkampf sind. Das Kind versucht, in einer Situation, in der es sich machtlos fühlt, ein wenig Kontrolle zu gewinnen. Immer wenn das Kind »nein« sagt oder einen Trotzanfall bekommt, will es Ihnen etwas mitteilen. Bleiben Sie ruhig, treten Sie gleichsam einen Schritt zurück und versuchen Sie herauszufinden, was die versteckte Botschaft ist. Vielleicht genügt es schon, wenn

Ursache und Wirkung Ihr Kind kann einen Trotzanfall bekommen, weil es müde, hungrig oder krank ist.

Du wählst aus Vermeiden Sie Machtkämpfe, indem Sie Ihrem Kind Alternativen bieten. Legen Sie zum Beispiel zwei Garnituren Oberbekleidung heraus und bitten Sie es auszuwählen – so hat es das Gefühl, dass es mitbestimmen darf.

Verhaltens-Muster

Überprüfen Sie, ob Sie bestimmte Auslöser für Wutanfälle feststellen können, und vermeiden Sie sie.

- **Lassen Sie Ihr Kind mit einem Babysitter zu Hause,** wenn es beim Einkaufen häufig Wutanfälle bekommt.
- **Besprechen Sie Vorhaben im Voraus** mit Ihrem Kind und halten Sie am besprochenen Ablauf fest – Kinder drehen oft auf, wenn Pläne abrupt geändert werden.
- **Erklären Sie Ihrem Kind die geltenden Grenzen,** bevor Sie etwas unternehmen.

Sie einfach zuhören. Genau wie Erwachsene haben Kinder manchmal das Gefühl, dass ihnen niemand zuhört.

Probleme lösen

Manchmal fällt es außerordentlich schwer, deutlich zu erkennen, worum es bei einem Trotzanfall überhaupt geht. Schließlich ist Ihr Kind nicht in der Lage, das Problem zu erklären. Die meisten Eltern lernen jedoch, Symptome zu erkennen, und haben eine bestimmte Vermutung.

- Wenn Sie glauben, dass das Verhalten Ihres Kindes durch Hunger bedingt ist, geben Sie ihm so schnell wie möglich etwas zu essen, auch außerhalb der normalen Essenszeiten. Es ist empfehlenswert, für solche »Notfälle« immer einen gesunden Snack dabeizuhaben.
- Wenn Sie glauben, dass Ihr Kind übermüdet ist, sprechen Sie leise nur noch das Nötigste. Halten oder wiegen Sie es im Arm und bringen Sie es in sein Zimmer oder an einen Ort, wo es sich ausruhen kann.
- Wenn Sie vermuten, dass Ihr Kind krank ist, beruhigen Sie es. Wird ihm möglicherweise übel, organisieren Sie eine leere Schüssel oder einen Eimer und einen warmen Waschlappen. Wenn ein Arztbesuch erforderlich ist, leiten Sie ihn so ruhig wie möglich in die Wege.
- Manche Kinder haben Schwierigkeiten mit Übergängen, und dies kann zu Trotzanfällen führen. Kündigen Sie Ihrem Kind auf dem Spielplatz an, dass Sie bald gehen werden: »Wir müssen in zehn Minuten heimgehen. Möchtest du noch mal zur Rutsche oder lieber zur Schaukel gehen?« Die Ankündigung und die Wahlmöglichkeit helfen ihm, Übergänge besser zu verkraften.
- Wenn Ihr Kind mit seinem Trotzanfall seine Grenzen austestet, bleiben Sie ruhig und vermeiden Sie einen Streit. Sprechen Sie ruhig mit ihm. Lassen Sie es wissen, dass Sie seine Wut zwar erkennen und vielleicht auch verstehen, dass aber dennoch die Regeln gelten. Zum Beispiel: »Ich weiß, dass du gern auf dem Spielplatz bleiben würdest, aber wir müssen nach Hause gehen, um das Abendessen zuzubereiten.«

Geben Sie den Versuchen Ihres Kindes, Sie zum Nachgeben zu bewegen, nicht nach, egal ob es weint, tobt oder Sie manipulieren will. Manchmal funktioniert es, ein Kleinkind beim ersten Anzeichen eines Wutausbruchs mit einem Spiel abzulenken. Wenn es sich nicht beruhigt, sollten Sie das Zimmer verlassen. Das gilt natürlich nur, wenn Sie nicht befürchten müssen, dass es sich oder andere in seiner Wut gefährden könnte.

Alles in Maßen

Viele Familien nehmen sich zu viel vor. Denken Sie daran, dass Kleinkinder eine feste Routine mögen. Sie reagieren gereizt, wenn sie von einer Aktivität zur anderen gejagt werden. Überlegen Sie daher genau, ob Sie Ihr Kind zur Babygymnastik, zum Tanzunterricht oder zu anderen Kursen anmelden wollen. Zu viele Termine erhöhen den Stresspegel für alle. Wutanfälle sind dann vorprogrammiert.

Richtig reagieren

Es gibt mehrere Dinge, die Sie beachten sollten, wenn Ihr Kind einen Wutanfall hat:

- **Reagieren Sie nicht mit Gewalt,** indem Sie Ihrem Kind einen Klaps geben.
- **Versuchen Sie nicht, bei einem Trotzanfall die Bewegungsfreiheit Ihres Kindes einzuschränken,** außer wenn die Gefahr besteht, dass es auf die Straße läuft oder sich selbst verletzt.
- **Drohen und strafen Sie nicht..** Wenn Kinder sich »unvernünftig« verhalten, sind sie Worten nicht zugänglich, und eine Strafe führt nur zu einer Eskalation des bereits bestehenden emotionalen Aufruhrs.
- **Streiten Sie nicht.** Jemand, der völlig irrational reagiert, ist Argumenten nicht zugänglich.
- **Demütigen Sie Ihr Kind nicht** und ziehen Sie sein Verhalten nicht ins Lächerliche.
- **Versuchen Sie nicht, in aller Öffentlichkeit einen Wutanfall zu lösen.** Nehmen Sie Ihr Kind beiseite, wo Sie allein mit ihm sind und in Ruhe mit ihm reden können. Das ist anderen anwesenden Personen gegenüber höflich, und für Sie ist es so einfacher, die Situation zu meistern.

Keinen Kampf ums Zubettgehen

Die Schlafenszeit kann eine ganz besonders schöne Zeit sein oder sie kann in einen Machtkampf zwischen Eltern und Kind ausarten. Es gibt viele Gründe, warum sich Kinder weigern, ins Bett zu gehen: Sie widersetzen sich, weil sie einfach nicht folgen wollen; sie haben Angst, etwas zu versäumen; sie sind nicht müde; sie wollen einfach bei den Eltern bleiben. Fragen Sie auch hier, wie in jeder Situation, was Ihnen Ihr Kind durch sein Verhalten wirklich mitteilt. Dann suchen Sie nach einem Weg, Ihrem Kind ein paar Zugeständnisse zu machen und es dennoch ins Bett zu bekommen.

Ein Ritual einführen

Ein Einschlafritual kann folgenden Ablauf haben: ein kleiner Imbiss, gefolgt von einem Bad, Zähneputzen, eine Geschichte vorlesen, ein bisschen Kuscheln, und dann wird das Kind gemütlich ins Bett gepackt und bekommt einen Gute-Nacht-Kuss. Gehen Sie jeden Abend in derselben Reihenfolge vor. Einschlafrituale helfen Kindern, zur Ruhe zu finden und sich geborgen zu fühlen.

Beginnen Sie das Einschlafritual etwa eine Stunde bevor Ihr Kind schlafen soll. Machen Sie alles ganz ruhig. Jetzt sollte keine Aufregung mehr entstehen. Kündigen Sie das Einschlafritual zehn Minuten zuvor an. So kann Ihr Kind seine aktuelle Beschäftigung in Ruhe zu Ende führen. Vermeiden Sie möglichst Machtkämpfe, indem Sie Ihrem Kind Wahlmöglichkeiten lassen, die in Ihren Augen alle akzeptabel sind. Zum Beispiel: »Wer soll dich heute ins Bett bringen – Mama oder Papa?«

Wenn Ihr Kind Probleme mit dem Einschlafen hat, versuchen Sie es mit einer Visualisierung. Dabei beschreiben Sie eine angenehme, ruhige Situation. Manche Eltern lassen im Hintergrund leise Musik laufen. Sie können eine ruhige Geschichte erzählen, zum Beispiel, wie Sie und Ihr Kind auf einem fliegenden Teppich eine Reise machen.

Eine weitere Möglichkeit besteht darin, mit dem Kind eine Unterhaltung über angenehme Erinnerungen zu führen. Oder Sie erzählen sich gegenseitig, was Sie aneinander besonders schätzen: »Mir gefällt es, dass du zu anderen Menschen so nett bist.« Sie können Ihr Kind ermutigen, von seinem Tag zu berichten, indem Sie die richtigen Fragen stellen. Zum Beispiel: »Was war heute das Schönste?«, statt »Was hast du heute gemacht?«, was gewöhnlich mit »Nichts« beantwortet wird.

> »Gehen Sie jeden Abend in derselben Reihenfolge vor. Einschlafrituale helfen Kindern, zur Ruhe zu finden und sich geborgen zu fühlen«

Seien Sie konsequent Sobald Ihr Einschlafritual beendet ist, verlassen Sie ruhig das Kinderzimmer. Verhindern Sie, dass Ihr Kind immer wieder aufsteht und zu Ihnen kommt, indem Sie ihm von vornherein sagen: »Ich werde dich jedes Mal, wenn du wieder aufstehst, ins Bett zurückbringen.« Lassen Sie sich auf keine Diskussion ein und geben Sie nicht nach. Seien Sie ruhig, freundlich und konsequent. Konsequenz ist wichtig, weil Ihr Kind die Regeln sonst immer weiter unterläuft, um zu sehen, wie weit es gehen kann. Aber seien Sie auch nicht zu streng – in besonderen Situationen gelten Ausnahmen. Vielleicht wacht Ihr Kind mitten in der Nacht auf und sucht Ihre Nähe, weil es einen Alptraum hatte oder krank ist. Vertrauen Sie Ihrem Instinkt.

Einschlafritual Vorlesen hilft Ihrem Kind zur Schlafenszeit, zur Ruhe zu finden und abzuschalten.

Disziplin und Regeln

Viele Eltern meinen, das Wort »Disziplin« bedeute »bestrafen«. Doch in Wirklichkeit bedeutet es »beibringen«.

Sofort handeln Machen Sie es zu einer Regel, dass Ihr Kind selbst sauber macht, wenn es etwas verschüttet hat.

Jedes Kind wird geltende Regeln immer wieder überschreiten. Das ist ein normaler Teil des Heranwachsens. Wenn Kinder Erwachsene provozieren, so drücken sie damit oft Gefühle aus, die sie nicht verstehen. Aus unseren Reaktionen lernen sie allmählich, wie sie richtig mit ihren Gefühlen umgehen. Indem sie ihre Grenzen austesten, lernen sie, dass wir uns um bestimmte Grundregeln des Anstandes und der Höflichkeit im Umgang miteinander bemühen. Zudem bezeichnet das Überschreiten von Grenzen die ersten Schritte hin zur Selbstständigkeit, denn dabei zeigen Kinder, dass wir nicht komplett über sie bestimmen können.

Regeln in der Familie

Einigen Sie sich auf bestimmte Grundregeln in Ihrer Familie. Schreiben Sie sie auf und hängen Sie sie gut sichtbar hin. Bringen Sie Ihrem Kind bei, wie es etwas richtig macht, statt sich auf seine Fehler zu konzentrieren. In einem Haus, in dem der Geist Montessoris herrscht, gelten gewöhnlich nur wenige Regeln:

- Behandle jeden mit Respekt.
- Wenn du etwas benutzt hast, räume es wieder an seinen Platz.
- Wenn du etwas kaputt machst oder verschüttest, bringe es in Ordnung.
- Sage die Wahrheit und gestehe Fehler ein.

Stellen Sie nur Regeln auf, von deren Bedeutung Sie absolut überzeugt sind. Erklären Sie sie Ihren Kindern in positiver Weise und nicht als Verbote. Statt zu sagen: »Das darfst du nicht!«, sollten die Regeln Ihrem Kind mitteilen, wie es sich richtig verhält. Bringen Sie ihm beim Erwerb alltäglicher Fertigkeiten bei, wie es die Regeln einhalten kann. Seien Sie Vorbild in den Verhaltensweisen, die Sie bei Ihren Kindern fördern wollen. Versuchen Sie bewusst, Ihr Kind zu positivem Verhalten zu motivieren – verstärken und anerkennen Sie selbst kleine Schritte in die richtige Richtung. Warten Sie nicht, bis es eine neue Fertigkeit perfekt beherrscht, ermutigen Sie es auf seinem Weg.

Ordentlich sein Zeigen Sie Ihrem Kind, wie es seine Spielsachen aufräumt, wenn es gespielt hat.

Missachtete Regeln Wenn Ihre Kinder die Regel missachten, dass man nicht auf Möbeln herumhüpfen darf, bitten Sie sie freundlich, aber bestimmt, damit aufzuhören, und erinnern Sie sie an Ihre Regel und deren Sinn.

Wenn Ihr Kind eine Regel verletzt, schimpfen, drohen oder strafen Sie nicht. Sie können es auf den richtigen Weg zurückführen, indem Sie eine bessere Alternative vorschlagen. Sie können es an die Regel erinnern und es höflich, aber bestimmt bitten, mit seinem Verhalten aufzuhören. Wenn die Situation nicht emotional belastet ist, können Sie nochmals grundsätzlich klären, wie man mit solchen Situationen umgeht.

Seien Sie konsequent. Wenn Sie es nicht schaffen, eine Regel dauerhaft durchzusetzen, dann sollte sie bei Ihnen keine Regel sein. Wenige sinnvolle Regeln sind besser als dutzende, die immer wieder missachtet werden.

Sagen Sie sparsam »nein«

Früher oder später wird Ihr Kind hartnäckig sagen: »Nein, will ich nicht!« Das ist der klassische Machtkampf, der im Kleinkindalter beginnt und oft die ganze Kindheit und Jugendzeit hindurch anhält. Doch das Trotzalter muss nicht ewig dauern. Und schon beim Zweijährigen kann man das Nein-Sagen in den Griff bekommen.

Machtkämpfe entstehen in Situationen, in denen sowohl Eltern als auch Kinder entschlossen sind, sich durchzusetzen. Eltern fühlen ihre Autorität von ihren Kindern bedroht. Kinder fühlen sich in solchen Situationen machtlos und versuchen ihre Autonomie zu bekräftigen, um in ihrer Beziehung zu den Eltern an Macht zu gewinnen.

Nicht bestrafen, lehren

Drohungen und Strafen sind keine guten Maßnahmen, um Kinder zum erwünschten Verhalten zu bewegen. Wenn Kinder wütend sind oder ihre Selbstständigkeit verteidigen, benehmen sie sich oft schlecht. Dann ist es ihnen egal, ob sie bestraft werden. Andererseits sind Kinder, die vor Strafen Angst haben, ängstlich darauf bedacht, uns zu gefallen. Aber auch sie reagieren gut auf andere Maßnahmen. Während Strafen in der Regel sofortige Wirkung zeigen, beeinflussen sie doch selten das Verhalten dauerhaft in positiver Weise.

Bringen Sie Ihrem Kind bei, sich richtig zu verhalten, und betonen Sie immer das Positive, statt zu schimpfen. Stellen Sie Ihrem Kind keine Fragen, die es sowieso nicht beantworten kann: »Wie oft habe ich dir schon gesagt, dass …!« Maria Montessori meinte zum Thema Disziplin: »Wir nennen einen Menschen diszipliniert, wenn er Herr seiner selbst ist und folglich über sich selbst gebieten kann, wo es gilt, eine Lebensregel zu beachten.«

Strategien zum Umgang mit »Nein«

Folgende Strategien helfen Ihnen, die Machtkämpfe zu reduzieren.

- **Geben Sie Ihrem Kind Alternativen.** Wann immer möglich, suchen Sie nach Wegen, Ihr Kind zwischen zwei gleichermaßen akzeptablen Alternativen wählen zu lassen. »Willst du zum Essen Wasser oder Tomatensaft trinken?«
- **Bringen Sie Ihrem Kind bei, höflich »nein« zu sagen:** »Mami, das möchte ich jetzt wirklich nicht machen.«
- **Es gibt eine goldene Regel des Familienlebens:** »Freundlichkeit und Höflichkeit sind zwischen Ehepartnern und zwischen Eltern und Kindern noch wichtiger als zwischen fremden Menschen.« (Robert Heinlein)
- **Geben Sie nicht einfach nach.** Suchen Sie Kompromisse.
- **Machtkämpfe können auf ein Minimum reduziert werden,** wenn Sie Ihrem Kind zunehmend Selbstständigkeit und Verantwortung übertragen.
- **Reservieren Sie das »Nein«** für wirklich wichtige Dinge, bei denen Ihr Kind sich oder andere verletzen oder Schaden verursachen könnte.

Sozialverhalten – Anstand und Höflichkeit

Bei Spielen, die Manieren und höfliches Verhalten vermitteln, lernt Ihr Kind, wie man sich in Gesellschaft anderer Menschen gut benimmt.

Ich helfe dir Anstand und Höflichkeit äußern sich auch darin, dass man kleineren Kindern hilft.

Wie wertvoll es ist, Kindern gute gesellschaftliche Umgangsformen beizubringen, scheinen nur wenige Menschen zu bedenken. In Montessori-Schulen gehört die Vermittlung von Anstand und Höflichkeit zum Lehrplan. Der »gute Ton«, Respekt und freundlicher Umgang mit Menschen haben hier einen hohen Stellenwert. Wir zeigen unseren Kindern, wie man sich die Hand gibt, wie man einen Freund begrüßt und sich verabschiedet. Wir bringen ihnen bei, wie man eine Person anspricht, die gerade mit einer Tätigkeit befasst ist, und wie man höflich »Nein, danke« sagt. Wir zeigen ihnen, wie man sich entschuldigt und wie man Konflikte friedlich löst.

Einfache Übungen

Der erste Schritt besteht darin, eine Situation in einfachen Worten zu erklären und dem Kind zu zeigen, wie man richtig damit umgeht. Dann üben Sie solche Situationen mit Ihrem Kind. Rollenspiele sind dazu bestens geeignet. Kinder mögen diese Übungen, sofern sie nicht zu lange dauern und sie bei Fehlern nicht ausgelacht oder geschimpft werden.

Wenn Ihr Kind zum Beispiel in der Wohnung immer wieder lauthals brüllt, müssen Sie ihm beibringen, sich so zu zügeln, dass es andere Menschen nicht stört. Bitten Sie Ihr Kind in einer solchen Situation zunächst

Höflich telefonieren
Mia weiß, wie man sich am Telefon meldet, aufmerksam zuhört und dann die Neuigkeiten verkündet.

Benimm-Unterricht

Hier finden Sie noch einige Anregungen, welches höfliche Verhalten Sie mit Ihrem Kind üben sollten:
- »bitte« und »danke« sagen
- in einem freundlichen Ton sprechen, nicht weinerlich oder pampig
- wie man bittet, auch einmal an die Reihe zu kommen oder mitspielen zu dürfen
- wie man sich vorstellt
- wie man Türen öffnet und schließt
- wie man sich verhält, wenn man husten oder niesen muss
- wie man Menschen Komplimente macht oder sie ermutigt
- wie man andere vorlässt
- wie man sich entschuldigt, wenn man jemanden angerempelt hat
- wie man freundlich reagiert, wenn man gerufen wird oder seinen Namen hört
- dass man um kleine Kinder herumgeht, die auf dem Boden spielen, und nicht über sie klettert
- lernen abzuwarten
- dass man andere Menschen nicht unterbricht, wenn sie reden
- wie man höflich telefoniert

höflich, aber bestimmt, leise zu sprechen. Später üben Sie gemeinsam, wie man zu Hause in der richtigen Lautstärke spricht. Sie könnten zum Beispiel sagen: »Ich möchte mit dir darüber sprechen, in welcher Lautstärke man in der Wohnung spricht. Wenn wir draußen sind, müssen wir manchmal laut rufen, damit wir einander hören. Draußen macht das niemandem etwas aus. Draußen können wir also unsere laute Stimme einsetzen. Doch wenn wir drinnen sind, tut das Schreien unseren Ohren weh und stört die Nachbarn. Drinnen müssen wir in Zimmerlautstärke sprechen.«

Machen Sie Ihrem Kind nun vor, was Sie meinen. Sprechen Sie sehr laut und fragen Sie: »Habe ich in Zimmerlautstärke oder laut gesprochen?« Sprechen Sie ganz normal: »Was meinst du? Soll ich so drinnen oder draußen sprechen?«

Nach diesem Prinzip können Sie Ihrem Kind die unterschiedlichsten Verhaltensweisen nahebringen, zum Beispiel, wie man »bitte« und »danke« sagt oder Türen leise schließt. In manchen Familien wird jede Woche eine neue Regel gesitteten Benehmens eingeführt und bewusst eingeübt.

Vorbilder

Damit Kinder gute Manieren lernen, müssen sie erleben, wie ihre Eltern, Geschwister und Freunde diese konsequent einhalten. Das Beispiel, das wir durch unser Verhalten geben, ist viel wirksamer als alle unsere Worte. Besonders sehr junge Kinder nehmen alles auf, was sie bei uns sehen. Bald beginnen sie so zu sprechen und zu handeln wie wir. Wir sind ihre Vorbilder.

Denken Sie immer daran, dass Ihr Kind von den Menschen in seiner Umgebung stark beeinflusst wird. Achten Sie sorgsam darauf, mit welchen Kindern und Erwachsenen es zusammen ist. Schützen Sie es vor lauten, chaotischen Situationen mit vielen überreizten Kindern. Hier ist schlechtes Benehmen die Regel.

Wählen Sie die Spielkameraden Ihres Kindes mit Bedacht aus. Wenn Ihr Kind bei einer Familie ist, in der die Kinder zu Hause ein Chaos anrichten dürfen, seien Sie nicht überrascht, wenn Ihr Kind dieses Verhalten nach Hause bringt. Achten Sie auch darauf, wie die Eltern künftiger Spielkameraden ihre Kinder beaufsichtigen. Natürlich ist es nicht Ihre Sache, andere Familien und ihr Benehmen zu beurteilen, aber es ist Ihre Verpflichtung, auf den Umgang Ihrer Kinder zu achten.

Freundlichkeit, Höflichkeit und Manieren lernen

EMPFANGEN UND BEGRÜSSEN Bringen Sie Ihren Kindern bei, wie man Besucher zu Hause willkommen heißt.

EINFÜHLUNGSVERMÖGEN Ermutigen Sie Ihr Kind, einem Freund, der Kummer hat, beizustehen.

TISCHMANIEREN Ihr Kind stellt sich den Stuhl zurecht und setzt sich richtig darauf.

KÖRPERBEHERRSCHUNG Beim Balancieren auf einer Linie übt Ihr Kind Gleichgewichtssinn und Koordinationsvermögen.

VORSICHTIG SEIN Bringen Sie Ihrem Kind bei, wie es Ihnen etwas bringt und es dabei mit beiden Händen trägt und vorsichtig absetzt.

AUF WIEDERSEHEN Ihr Kind lernt freundschaftlichen Umgang, wenn ihm gezeigt wird, wie man andere herzlich begrüßt und verabschiedet.

AKTIV SEIN

Der Friedenstisch

Kinder sollen lernen, Probleme selbst zu lösen. Dabei bietet der Verhandlungstisch eine gute Hilfe.

Immer wieder streiten sich Kinder mit Geschwistern oder Freunden – oft aus banalem Anlass, wie beim Streit um ein Spielzeug, aber auch aus wichtigerem Grund, zum Beispiel wegen einer Freundschaft. Manchmal geht der Streit so weit, dass die Kinder nicht mehr vernünftig miteinander umgehen können. In dieser Situation kommt der Verhandlungstisch, den Maria Montessori den »Friedenstisch« nannte, ins Spiel. An diesem Platz können die Kinder zur Ruhe finden und mit einem Ritual den Streit beenden.

Als Friedenstisch dient ein Kindertisch mit zwei Stühlen, einem Glöckchen, einer Pflanze oder einem Schmuckobjekt, das Frieden symbolisiert. Bei Platzmangel genügen zwei nebeneinander stehende Stühle oder ein Läufer in einer Zimmerecke oder sogar ein spezieller Platz auf der Treppe. Wenn Kinder an dieses Ritual gewöhnt sind, gehen sie im Konfliktfall vielleicht sogar unaufgefordert an den Verhandlungstisch.

Am Tisch wird ein bestimmter Ablauf eingehalten. Das Kind, das sich ungerecht behandelt fühlt, legt eine Hand auf den Tisch, die andere auf sein Herz und bezeugt so, dass es die Wahrheit sagt. Dann schaut es das andere Kind an, spricht es mit seinem Namen an und erklärt, wie es sich gerade fühlt und wie es den Streit gern lösen würde.

Frieden und Harmonie Am Friedenstisch lernen Kinder, wie sie auch im Konfliktfall Harmonie und Kooperationsbereitschaft bewahren können.

MIT KONFLIKTEN UMGEHEN

Es begann mit einer Rangelei um ein Spielzeug, artet nun aber zu einer Rauferei aus. Gina und Tom tun einander weh und sind nicht in der Lage, ihr Problem vernünftig zu lösen.

Nun ist das zweite Kind an der Reihe und das Gespräch wird fortgesetzt, bis eine Einigung erzielt worden ist. Wenn es den Kindern nicht gelingt, brauchen sie vielleicht einen Mediator – ein älteres Geschwisterkind oder einen Elternteil. Bei komplizierten Problemen kann auch ein Familienrat einberufen werden.

Kinder lernen am Friedenstisch, dass ihr Standpunkt, ungeachtet ihres Alters, gehört wird und sie eine faire Behandlung erwarten können. Sie machen dabei die wichtige Erfahrung, dass Streitigkeiten mit Ehrlichkeit und dem gutem Willen, zu Hause eine harmonische Atmosphäre zu bewahren, gelöst werden können.

Der **Friedenstisch**

AUSSPRACHE Im Bemühen, ihren Streit beizulegen, setzen sich Gina und Tom an den Friedenstisch.

TOM IST AN DER REIHE Tom legt eine Hand auf den Friedenstisch und die andere auf sein Herz und erklärt Gina, was ihn wütend gemacht hat.

JETZT IST GINA DRAN Gina geht ebenso vor, sie legt eine Hand auf den Tisch und die andere auf ihr Herz und antwortet Tom.

EINIGUNG Wenn Gina und Tom meinen, dass ihre Differenzen gelöst sind, läuten sie eine Glocke, um es der Familie zu verkünden.

Das Fernsehen einschränken

Das Fernsehen stellt in vielen Familien eine Hauptursache für Konflikte dar. Treffen Sie eine klare Regelung des Fernsehkonsums.

Wie hypnotisiert Wenn es ihnen erlaubt wird, sitzen Kinder stundenlang passiv vor dem Fernseher.

Kinder erwarben ihre Werte und ihr Weltwissen traditionell aus vier kulturellen Bereichen: Familie, Schule, religiöse Instanzen und Freundescliquen. Heute stellt das Fernsehen eine fünfte und unglaublich mächtige Kultur dar, über die die meisten Eltern wenig wissen und über die sie wenig Kontrolle ausüben. Das ist nicht gut, besonders da in allzu vielen Familien das Fernsehen zum ständigen Babysitter geworden ist.

Passive Kinder
Unkontrolliertes Fernsehen schafft verschiedene Probleme. Die dargestellte Gewalt ist sehr bedenklich. In einem Jahr kann ein Kind tausende Morde, Kämpfe, Autounfälle und Explosionen sehen. Werte und Problemlösungstechniken, die in solchen Sendungen vermittelt werden, können sich gravierend von den eigenen unterscheiden.

Ein noch größeres Problem ist der hypnotische Charakter des Fernsehens. Viele Eltern beobachten, dass ihre Kinder schon vormittags stundenlang gebannt vor der Mattscheibe sitzen können. Sie wirken wie in Trance. Fernsehen ist eine absolut passive Erfahrung. Es erfordert kein Denken, keine Fantasie und keine Anstrengung.

Gute Kindersendungen können durchaus eine Bereicherung sein, doch die meisten Sendungen sind es nicht.

Elterliche Kontrolle Am besten ist es immer, wenn Sie gemeinsam mit Ihren Kindern fernsehen und danach über die Inhalte sprechen.

Regeln aufstellen Der Fernsehkonsum sollte geplant und dosiert werden. Kinder brauchen kein Fernsehen, um sich zu unterhalten. Regeln Sie in Ihrer Familie den Fernsehkonsum so, wie Sie es für sinnvoll halten. Bestimmen Sie die Sendungen, die Ihre Kinder anschauen dürfen, und geben Sie klare Zeitvorgaben. Lassen Sie Ihren Kindern dabei Wahlmöglichkeiten: »Ihr könnt zwischen den folgenden Sendungen wählen; aber ihr dürft jeden Tag nur zwei davon sehen. Was wollt ihr heute anschauen?« Am besten ist es, Sendungen gemeinsam mit den Kindern anzuschauen und danach über den Inhalt und die Eindrücke zu sprechen.

Klare Vorgaben sollten natürlich in gleicher Weise für Videos und DVDs gelten ebenso wie für die Benutzung des Computers. Lassen Sie Ihr Kind auch nicht stundenlang vor dem PC sitzen, zumal Kinder bevorzugt zweifelhafte Spiele spielen, die auf Aggression und Gewalt aufgebaut sind. Setzen Sie sich bewusst damit auseinander, was Ihr Kind im Fernsehen sieht und am PC spielt, und erwägen Sie genau, wie viel und was es verträgt.

KAPITEL
FÜNF

Die
Welt
erforschen

DER GRUND-GEDANKE

Kleine Forscher

Kinder besitzen einen inneren Forschungstrieb. Ermutigen Sie Ihr Kind, die Welt zu beobachten und das Wunderbare zu entdecken.

»Sehen Sie die Welt so, wie Ihr Kind sie sieht – nahe am Boden«

Maria Montessori bezeichnete das Verhalten kleiner Kinder als das »kleiner Wissenschaftler«. Kinder beobachten und untersuchen alles und erforschen die Welt: »Was passiert, wenn …« Babys und Kleinkinder probieren alles in ihrer Umgebung aus. Sie wollen ganz genau wissen, was passiert, wenn sie ein Spielzeug aus dem Hochstuhl hinunterwerfen oder mit ihrem Badewasser planschen. Dieser Entdeckungstrieb entwickelt sich mit zunehmendem Alter weiter. Das Kind wird auch abenteuerlustiger und immer kreativer in seinen Versuchen. Es backt Sandkuchen oder richtet im Wohnzimmer eine Regenwurmfarm ein. Kinder verfügen von Geburt an über eine herrliche Fantasie und einen ausgeprägten Erfindungsgeist und sie haben den kühnen Wunsch, die Welt zu erforschen. Fördern Sie diese Eigenschaften bei Ihrem Kind – helfen Sie ihm, die Schönheit und das Geheimnis der Dinge in seiner Umgebung zu entdecken.

Mit den Augen des Kindes

Denken Sie daran, dass die Welt Ihres Kindes sich nahe am Boden befindet. Wenn Sie das Leben einmal aus seiner Perspektive betrachten, bekommen Sie ein Gefühl für die Entdeckungen Ihres Kindes. Lassen Sie sich auch auf sein langsames Tempo ein. Überlassen Sie Ihrem Kind die Führung und seien Sie bereit, innezuhalten

und alles zu untersuchen, was sein Interesse fesselt – sei es ein Schmetterling oder eine Blume.

Kinder lernen am besten durch eigenes Tun, nicht, indem sie etwas »gelehrt« werden. Das gilt besonders für kleine Kinder, trifft aber auch auf ältere und sogar auf Erwachsene zu. Kein Buch kann in Wort oder Bild den Lebensraum eines Baches oder die Lebensvielfalt in einem verrottenden Baumstamm so beschreiben, wie es die eigene Erfahrung mit diesen Naturerscheinungen tut. Bücher und andere Materialien helfen Kindern, selbst gemachte Erfahrungen zu vertiefen und einzuordnen, aber das Fundament muss durch direkte Beobachtung und praktische Erfahrung gelegt werden.

Eine andere Perspektive Kinder sehen die Welt von einer anderen Warte als Erwachsene. Begeben Sie sich auf die Höhe Ihres Kindes und schauen Sie einmal, was es sieht.

Die Welt draußen
Kinder sind am liebsten draußen. Sie schlendern durch die Umgebung, klettern auf Bäume, pflücken Beeren und sammeln Kastanien. Sie kümmern sich um den Gemüsegarten oder füttern Haustiere wie Enten, Hasen und Hühner. Es entstehen lebenslange Erinnerungen an die Tage, die sie damit zugebracht haben, mit ihren Eltern die Wälder zu erkunden, an einem Fluss zu spielen oder am Strand Muscheln zu sammeln.

Anfangs werden Sie mit Ihrem Kind im Buggy oder in der Rückentrage hinausgehen. Lassen Sie sich Zeit, es in Ihre Welt einzuführen. Schon kleine

Babys nehmen Eindrücke und Geräusche der Natur auf: Wolken, die über ihren Kopf ziehen, der Anblick und Duft der Blumen im Garten, der in den Blättern der Bäume raschelnde Wind – all das hinterlässt einen starken und bleibenden Eindruck. Ob Sommer, Herbst, Frühling oder Winter, jede Jahreszeit hat ihre eigene Schönheit. Zeigen Sie auf kleine Dinge: ein winziges Schneeglöckchen, das sich durch den Schnee bohrt, eine schöne Muschel, ein wunderschön geformtes Blatt.

Wenn Ihr Kind älter wird, zeigen Sie unterwegs auf bekannte Dinge: »Schau, da ist Omas Haus! Siehst du die schönen Blumen vor ihrer Tür?« Oder: »Marie, siehst du das Nest, das die Vögel in dem Baum gebaut haben? Bald werden sie Eier legen und kleine Vögelchen ausbrüten!«

Hüter der Erde

Eine andere wichtige Vorstellung von Maria Montessori war, dass Kinder die Bewahrer der Erde sind. Sie müssen lernen, auch für entfernte Gegenden, wie die Regenwälder und Polarkappen, und für die Naturoasen in der Stadt Verantwortung zu übernehmen, um sie für die Zukunft zu bewahren. Lehren Sie Ihr Kind Ehrfurcht vor dem Leben. Wir sind alle Teil dieses Netzwerkes »Leben« und in unserer eigenen Existenz abhängig von dem zerbrechlichen Gleichgewicht in der Natur. Zum Beispiel wird Kindern oft beigebracht, dass die Erde am Boden »Schmutz« oder »Dreck« ist: »Spiel nicht im Dreck!« Bringen Sie Ihrem Kind stattdessen bei, wie wertvoll die fruchtbare Erde unseres Bodens ist, die das Leben auf unserem Planeten erst ermöglicht.

Betonen Sie die Notwendigkeit, alles Lebende mit Sorgfalt zu behandeln. Bringen Sie Ihrem Kind bei, nicht gedankenlos Blätter und Blumen zu pflücken und sie wieder wegzuwerfen, sondern sie nur aus gutem Grund zu sammeln. Es macht Freude, gelegentlich Wildblumen zu pflücken, sie zu trocknen, zu pressen oder in eine Vase zu stellen, damit sie sich lange halten. Doch pflücken Sie niemals zu viel von einer Pflanze. Bringen Sie Ihrem Kind bei, mit unserem Planeten sorgsam umzugehen.

Leiten Sie Ihr Kind an, mit Freude die Wälder und Wiesen zu erkunden, aber keinen Abfall zu hinterlassen. Wenn Abfall herumliegt, nehmen Sie ihn mit, um ihn zu entsorgen.

Im Familiengarten

Eine hervorragende Möglichkeit, praktische Tätigkeiten zu üben und Neues zu entdecken, bietet die Mithilfe im Garten.

»Kinder essen gern Gemüse, wenn sie es selbst gezogen haben«

Versuchen Sie bei der Planung Ihres Gartens eine Ecke zu schaffen, in der Ihr Kind nach Belieben experimentieren und Pflanzen ziehen kann. Von früh an können Kinder in den Jahreskreislauf einbezogen werden, vom Vorziehen der Pflanzen in der Wohnung, der Aussaat in einem kleinen Gewächshaus im frühen Frühjahr und dem Aussetzen der Setzlinge im Garten, wenn die Gefahr von Frösten vorüber ist, bis zur Pflege des Gartens. Und es macht Spaß zu beobachten, wie Obst und Gemüse bis zur Ernte gedeihen. Für kleine Kinder ist es etwas Wunderbares, in den Garten zu gehen und einen Korb voller Salat, Frühlingszwiebeln und Tomaten, bei deren Aufzucht sie geholfen haben, zu ernten – und sie essen gern Gemüse, wenn sie es selbst gezogen, geerntet und gewaschen haben.

Pflanzen Sie in Ihrem Garten auch Duftkräuter. Das Aroma von frischem Basilikum, Fenchel und Salbei ist ein wichtiger Teil der Erinnerungen an die Kindheit. Und das Kind erfährt dabei, dass diese Kräuter gegessen werden können und den Speisen Farbe, Duft und Geschmack verleihen.

Kindgerechtes Gartengerät

Gartengeräte, Gießkannen und Schubkarren gibt es speziell für Kinder. Bringen Sie für diese Geräte Halterungen in der Garage oder im Garten an und lehren Sie Ihr Kind, das

Kleiner Gärtner Bringen Sie Ihrem Kind bei, wie man Pflanzenzwiebeln setzt und die Pflanzen pflegt.

Gartengerät nach getaner Arbeit zu säubern und aufzuräumen. Besorgen Sie auch Gartenhandschuhe in Kindergröße und eine feste, dunkelgrüne Gartenschürze, damit Ihr Kind lernt, auf Sauberkeit zu achten. In kleinen Körben kann Ihr Kind Blumen, reife Beeren und Obst sammeln.

Bei wenig Platz Wenn Sie keinen eigenen Garten haben, können Pflanzkästen und Anzuchtkästen eine Alternative sein. Mit der richtigen Erde und Bewässerung können Sie an einem sonnigen Standort auf kleinem Raum eine erstaunliche Ernte haben – Erdbeeren, Tomaten, Paprika, Bohnen und Kräuter sind einfach zu ziehen. Ein großer Vorteil eines Pflanzkastens besteht darin, dass der »Garten« in der richtigen Höhe für das Kind liegt.

Blumenpracht Lassen Sie in Ihrem Garten auch Platz für Blumen, sowohl für einheimische Wildblumen als auch für die traditionellen ein- und mehrjährigen Pflanzen, die unsere Gärten und unsere Tische schmücken. Zeigen Sie Ihrem Kind, wie man sie pflückt und in kleinen Vasen im Haus

dekorativ arrangiert. Kleine Kinder stellen oft lieber eine einzige Blume in eine kleine Vase, statt große Sträuße zu binden. Als Vasen eignen sich schön geformte kleine Flaschen, zum Beispiel von Perrier und Orangina.

Bewahren Sie das Zubehör zum Sträuße-Binden auf einem niedrigen Regal in Reichweite Ihres Kindes auf. Es sollte eine Auswahl an kleinen Behältnissen sowie eine kleine Gartenschere zum Schneiden der Blumen, einen kleinen Krug zum Eingießen des Wassers, einen Trichter und einen Schwamm zur Verfügung haben. Vielleicht wollen Sie sogar kleine Deckchen zum Unterlegen unter die Vasen dazulegen.

Mit Blumensträußen kann Ihr Kind die Natur in Ihre Wohnung bringen – es dekoriert die Räume und vertieft sein Bewusstsein für Pflanzen und Blumen weiter.

Gartenvokabular

Bringen Sie Ihrem Kind die richtigen Namen für jede Pflanze, für das Obst und Gemüse bei. Bald wird es alles in Ihrem Garten benennen können. Sie können ihm auch Adjektive beibringen, die die Pflanzen und Früchte beschreiben: rot, groß, klein, lang, rau, seidig usw. Viele Pflanzen nutzen wir in der Küche und im Haus. Aloe ist zum Beispiel eine wunderbare Heilsalbe bei Schürfungen und Verbrennungen.

Hängen Sie Pflanzen- und Blumenbilder zu Hause auf, sowohl Kunstfotografien als auch Drucke berühmter Gemälde. Ins Bücherregal Ihres Kindes gehören unbedingt einige der vielen wunderschönen Bücher über Blumen, Tiere und die Natur, die auf dem Markt erhältlich sind. Kinder entdecken mit Begeisterung die Blumen oder Blätter in ihren Büchern wieder, die sie aus dem Garten kennen.

Kunst aus der Natur

Im Kunsthandwerk werden bevorzugt Naturmaterialien – Blüten, Blätter, Samen, Gräser – verwendet. Kinder lieben das Basteln mit Schätzen aus der Natur. Mit einer kleinen Blumenpresse können sie Blätter und Blüten konservieren und in ein Album kleben. Sie können mit Gräsern weben und kleine Körbe aus Kiefernnadeln flechten. Eicheln und Kiefernzapfen finden vielerlei Verwendung, zum Beispiel bei Tischdekorationen. Aus Zweigen, Rindenstücken, Blättern und Samen kann man wunderschöne Collagen zusammenstellen.

Haus-Tiere

Es gibt keine bessere Möglichkeit, einem Kind Achtung und Liebe zu anderen Lebewesen zu vermitteln, als eigene Haustiere zu halten. Im Umgang mit den Tieren entwickelt das Kind Einfühlungsvermögen und Verantwortungsbewusstsein. Schon ein kleines Kind kann den Napf eines Haustieres auswaschen und ihn mit Futter füllen. Älteren Kindern kann man zeigen, wie man Tierställe sauber macht. Wenn es Ihre Wohnverhältnisse zulassen, überlegen Sie, einige kleine Haustiere aufzunehmen.

Tiere sind unsere Gefährten auf dieser Erde. Während einst die Menschen glaubten, dass der Mensch das Recht hätte, die Natur zu beherrschen, verstehen heute viele, dass wir alle voneinander abhängig sind – Menschen, Tiere, Pflanzen. Immer mehr Menschen setzen sich für den Tierschutz ein. Diese Einstellung beginnt in der Familie.

Die Welt erforschen

AKTIV SEIN

Entdeckungen im Wald

Machen Sie Naturerkundungen und Spaziergänge zum festen Bestandteil Ihres Familienlebens.

Spaziergänge sind für Kinder oft interessanter, wenn sie dabei eine bestimmte Aufgabe bekommen – zum Beispiel Blumen, Blätter, Steine oder Gräser sammeln. Jedes Kind kann eine kleine Papiertüte bekommen, in die es seine Schätze sammelt. Vielleicht legen Sie fest, wie viele Dinge jedes Kind sammeln darf (höchstens drei bis fünf Stück).

Unterhalten Sie sich während des Spaziergangs über das, was Sie erleben. Sprechen Sie über das Wetter und die Jahreszeiten. Was nehmen Ihre Kinder wahr? Wie sieht der Himmel aus? Scheint die Sonne? Ist es bewölkt? Machen Sie Ihre Kinder auf die Farben der Blätter an den Bäumen oder auf andere saisonale Besonderheiten aufmerksam. Fordern Sie sie immer wieder einmal auf, innezuhalten und ruhig zu sein, damit sie die Geräusche der Natur hören können.

Lassen Sie sich durch schlechtes Wetter nicht abschrecken. Es schadet Kindern nicht, Regen oder Wind im Gesicht zu spüren. Als Faustregel gilt, dass Kinder pro Lebensjahr etwa 1,5 km weit gehen können; unterschätzen Sie also ihre Ausdauer nicht. Eine kurze Rast oder kleine Pausen für ein Picknick geben ihnen die Zeit, sich zu erholen und dabei die Umgebung zu beobachten und zu genießen.

Wenn Sie draußen sind

• Folgen Sie einem Eichhörnchen • umarmen Sie einen Baum • wälzen Sie sich in den Blättern • beobachten Sie an einem See die Gänse • suchen Sie Walderdbeeren • suchen Sie ungewöhnliche Steine • halten Sie nach Wildblumen Ausschau (nicht pflücken, nur anschauen, untersuchen und sich merken) • lehnen Sie sich gegen einen Baum und schauen Sie in die Zweige • hören Sie dem Wind zu • beobachten Sie Vögel in ihren Nestern • beobachten Sie die Schatten, die die Sonne wirft • lernen Sie die Namen der Bäume in der Umgebung Ihrer Wohnung • studieren Sie die Formen der Blätter • sammeln Sie Samen • suchen Sie Kiefernzapfen • suchen Sie Tierfährten • untersuchen Sie einen umgestürzten Baum, dessen Holz zu faulen beginnt, und schauen Sie, was hier lebt • lauschen Sie den Vögeln • riechen Sie den Wind • suchen Sie eine kleine Schlucht, in der Elfen leben könnten • picknicken Sie auf einer Wiese • lassen Sie kleine selbst gebastelte Boote aus Naturmaterialien einen Fluss hinuntertreiben • sammeln Sie herumliegenden Abfall auf • suchen Sie Pilze, aber essen Sie sie nicht!

Beobachten lernen Nehmen Sie sich die Zeit, stehen zu bleiben und Dinge zu untersuchen, von denen Ihre Kinder angezogen werden. Überfordern Sie kleine Kinder nicht mit zu vielen Details – lassen Sie sie beschreiben, was sie sehen.

Die Natur schützen

Sobald Sie wieder zu Hause sind, schütten Sie den Inhalt Ihrer Tüten in einen Korb und bitten Sie Ihre Kinder, jeden Gegenstand zu benennen. Ist er lebend oder unbelebt? Wo haben sie ihn gefunden? Was wissen sie über ihn? Ein anderes Mal können Sie das Wetter, die Vogelwelt oder die Geräusche des Waldes in den Mittelpunkt Ihres Spazierganges stellen und in einem Notizbuch festhalten, was Ihre Kinder sehen und hören.

Entdeckungen **im Wald** 145

BLÄTTERKUNDE Blätter geben viele Informationen über die Jahreszeiten. Bitten Sie Ihre Kinder, Form, Beschaffenheit und Farbe zu beschreiben.

LEBENDE WESEN Zu sehen, wie ein Wurm über ein Blatt kriecht, ist für Ihren kleinen Wissenschaftler höchst interessant und unterhaltsam.

SCHAU MAL Zeigen Sie Ihrem Kind, wie man mit einem Fernglas einen Vogel beobachtet. Nehmen Sie ein Bestimmungsbuch mit.

TOLLE SACHE Passen Sie sich dem Tempo Ihres Kindes an. Es darf jederzeit stehen bleiben und mit allen Sinnen aufnehmen, was es erlebt. Eine ganz neue Perspektive eröffnet sich, wenn es sich hinsetzt und in einen Baum hinaufschaut.

Ein eigenes Naturmuseum

Wenn Ihr Kind Schätze aus der Natur heimbringt, leiten Sie es an, einen kleinen Forschungsbereich einzurichten.

Die richtige Ausrüstung

Folgende Dinge sind für die Ausstattung des Naturmuseums hilfreich:

- Vergrößerungsglas
- Mikroskop
- geräuschverstärkendes Mikrofon
- Schachteln und Gläser für Käfer
- Terrarium
- Ameisenfarm
- Aquarium
- Vogelkäfig
- Bestimmungsbücher
- Karton zum Beschriften

Die meisten Kinder möchten ihre Fundstücke aus der Natur heimbringen. Ihr Kind wird begeistert sein, wenn Sie ihm dafür zu Hause einen bestimmten Platz zur Verfügung stellen. Ein solches »Naturmuseum« kann im Kinderzimmer auf einem einfachen Tisch eingerichtet werden oder es kann sogar ein Terrarium sein, in dem Insekten, Käfer, Frösche und andere kleine Tiere, die Ihr Kind gefunden hat, eine kurzzeitige Unterkunft finden.

Bei uns zu Hause gab es immer einen solchen Naturbereich. Im Frühling und Frühsommer standen darin kleine Blumentöpfe mit Wildblumen und kleinen Bäumen, die wir in den nahen Wäldern gefunden hatten. Wir brachten Raupen mit, die wir in ein geschlossenes Terrarium setzten: Wir beobachteten die Verpuppung und erlebten, wie daraus Motten oder Schmetterlinge wurden. Wir sammelten Froschlaich und ließen die Kaulquappen dann im nahen Teich frei. Von Zeit zu Zeit zogen wir sogar Küken in einem Brutkasten auf. Und natürlich war die gelegentliche Geburt von Kätzchen oder Welpen ein Höhepunkt des Jahres.

Natur im Haus Unsere Kinder untersuchten Blumen, sie verglichen verschiedene Arten und zählten Stempel und Staubblätter. Im Herbst sammelten sie Früchte, Nüsse und Beeren, sie stellten fest, wie sie

verbreitet wurden und welche Tiere sie als Nahrung nutzen. Sie brachten Pflanzenexemplare mit in unser Naturmuseum, um sie zu bestimmen, zu benennen und auszustellen. Sie sammelten und pressten Blumen und Blätter, klebten sie auf Karton oder in Alben. Auf kleinen Regalen stellten die Kinder ihre Stücke aus: verlassene Bienenwaben, Vogelnester und -eier, Schlangenhäute, Rinden- und Holzstücke unterschiedlicher Bäume, verpuppte Insekten, aufgeklebte Insekten und Tierknochen.

In geschlossenen Terrarien und Aquarien lebten bei uns zeitweise Ameisen, Chamäleons, Wassermolche, Barsche und Schildkröten. Transparente Pflanzkästen, bei denen man das Wachsen der Wurzeln beobachten kann, waren ein großer Hit, als die Kinder klein waren.

Wenn Ihr Kind älter wird, schlagen Sie ihm vor, ein Tagebuch über seine Beobachtungen zu führen. Regen Sie es an, Gedichte und Geschichten zu schreiben, die das Wunderbare und die Schönheit der Natur und des Erlebten ausdrücken. Viele ältere Kinder zeichnen und fotografieren gern die Natur.

Beobachten Oswin schaut sich die Sache durch sein Beobachtungsglas genauer an.

Spiele mit Themen aus der Natur

Es gibt viele tolle Spiele für Kinderpartys oder Kindergruppen, bei denen die Kinder auch etwas lernen. Hier finden Sie drei Beispiele.

Wenn Sie bei bestimmten Anlässen, zum Beispiel einer Geburtstagsfeier, eine größere Kinderschar beschäftigen wollen, machen Sie Spiele, die die Kinder etwas über die Welt lehren und ihnen dabei auch viel Spaß bereiten.

Tiere am Wasserloch

Dieses Spiel wird von acht oder mehr Kindern gespielt – am besten im Garten. Die Kinder spielen Tiere, zum Beispiel Antilopen, die nachts zum Trinken an ein Wasserloch kommen. Dann gibt es noch ein Raubtier, zum Beispiel ein Löwe. Das Raubtier sitzt mitten in einem großen Kreis, der von Wasserbechern umgeben ist. Es trägt eine Augenbinde und ist mit einer mit Wasser gefüllten Sprühflasche »bewaffnet«. Eine nach der anderen kriechen die Antilopen zum Wasser: Sie nehmen einen Becher und tragen ihn zurück an ihren Platz. Der Löwe kann sie nicht sehen, sondern ist nur auf sein Gehör angewiesen. Wenn er eine Antilope herankommen hört, kann er aufspringen und mit der Sprühflasche in die Richtung des gehörten Geräusches spritzen. Wenn ein Kind nass wird, muss es ausscheiden. Sobald jede Antilope getrunken hat oder »gefangen« wurde, ist das Spiel beendet.

Raubtier und Beute Der Löwe sitzt still da und hofft, eine Antilope fangen zu können.

Besonderes Fangspiel Kindern macht es viel Spaß, Tiere in einer Nahrungskette zu spielen.

Die Nahrungskette

Diese Variation des Fangspiels vermittelt Kindern ein Verständnis einer einfachen Nahrungskette. Wählen Sie eine viergliedrige Nahrungskette und beschreiben Sie den Kindern diese Abfolge. Zum Beispiel: Pflanzen werden von Grashüpfern gefressen, die Grashüpfer werden von Fröschen gefressen, die Frösche von Falken, die oben in der Nahrungskette stehen.

- Teilen Sie die Kinder in drei Gruppen ein. In einer Zehnergruppe gibt es sieben Grashüpfer, zwei Frösche und einen Falken.
- Geben Sie jedem Grashüpfer eine kleine Plastiktüte, die den winzigen Bauch des Grashüpfers darstellt. Binden Sie ein breites grünes Band an den Arm jedes Grashüpfers.
- Geben Sie jedem Frosch eine größere Tüte, die den größeren Bauch eines Frosches darstellt. Binden Sie ein breites gelbes Band an den Arm jedes Frosches.
- Geben Sie dem Falken eine große Plastiktüte. Binden Sie ein breites braunes Band um den Arm des Falken.
- Nun streuen Sie Popcorn auf den Boden oder die Wiese aus; sie symbolisiert die Pflanzennahrung der Grashüpfer. Erklären Sie den Grashüpfern, wie sie das Popcorn »fressen«, indem sie jedes Einzelne gebeugt aufsammeln

und in ihre Plastiktüten legen. Lassen Sie die Frösche die Grashüpfer jagen, und wenn einer einen gefangen hat, schüttet er das Popcorn aus dem Bauch (der Tüte) des Grashüpfers in seine leere Tüte. Der gefangene Grashüpfer setzt nun aus. Lassen Sie den Falken die Frösche jagen, und wenn er einen fängt, schüttet er den Inhalt des Bauches des Froschs in seine Tüte (also in seinen Bauch) und der Frosch setzt aus. Nach fünf Minuten stellen Sie fest, wie viele Grashüpfer und Frösche noch im Spiel sind und in der Nahrungskette überlebt haben.

»Das Nahrungskettenspiel lehrt Kinder das Grundkonzept des Ökosystems«

Das Netz des Lebens

Diese Aktivität kann mit zehn und mehr Kindern gespielt werden. Sie benötigen eine Auswahl an Stofftieren oder Bilder von verschiedenen Tieren – Vogel, Frosch, Schildkröte, Fisch, Biene, Kuh und andere bekannte Tiere. Sie benötigen zusätzlich Abbildungen von einem Baum, von Gras, einer Blume und dem Meer, das Wasser symbolisiert. Außerdem brauchen Sie verschiedenfarbige Schnüre oder Bänder.

Bitten Sie alle Kinder, sich in einen großen Kreis zu setzen. Fragen Sie: »Wer will die Sonne sein? Die Sonne sitzt hier in der Mitte unseres Kreises.« Das Kind, das sich in die Mitte setzt, bekommt etwas Gelbes, das die Sonne symbolisiert. »Welche Pflanze oder welches Tier möchtest du sein, Johanna?« – »Oh, der Wolf! Gut. Hier, nimm den Stoffwolf auf deinen Schoß.« Wenn jedes Kind seine Rolle hat, kommt jedes nacheinander an die Reihe: »Wer braucht die Sonne?« – »Brauchen Vögel die Sonne?« – »Ja!« – »Brauchen Vögel Wasser?« – »Brauchen Hunde Wasser?« – »Ja!«

Stellen Sie so eine Verbindung von jeder Pflanze und jedem Tier zu all dem, was es zum Leben braucht, her und verdeutlichen Sie diese Verbindung durch eine Schnur. So wird ein Netz des Lebens gesponnen, das zum Schluss sehr komplex und schön ist: »Schaut, wir alle brauchen einander!«

Kulturen werden lebendig

Machen Sie Ihre Kinder mit verschiedenen Kulturen vertraut – so wird ihre Neugierde geweckt und Vorurteile werden abgebaut.

Verschiedene Welten Wenn wir unseren Kindern fremde Dinge zugänglich machen, entwickeln wir ihr Verständnis für fremde Kulturen.

Als Eltern haben wir auch die Aufgabe, unseren Kindern beizubringen, wie man in Frieden und Harmonie mit allen Menschen lebt. Geben wir ihnen dazu einen Einblick in verschiedene Regionen der Erde und machen wir sie empfänglich für die Faszination, die von anderen Kulturen ausgeht.

Jeder Mensch ist Teil einer globalen Familie. Wir teilen dieselben Bedürfnisse und haben mehr Dinge gemeinsam, als uns trennen. Die Verschiedenheit der Menschen entspringt allein der unterschiedlichen, von der jeweiligen Kultur geprägten Weise, dieselben Bedürfnisse zu befriedigen. Statt solche Unterschiede zu fürchten, können Kinder dazu angeleitet werden, den kulturellen Reichtum und die Verschiedenheit, die uns ausmachen, zu schätzen. Wer von weit entfernten Gegenden lernt, träumt, sie sich vorstellt und hofft, eines Tages dorthin zu reisen, ist offen und hat die Chance, die ganze Welt in sich aufzunehmen und sich für sie verantwortlich zu fühlen. Es gibt kein wichtigeres Erziehungsziel, als unsere Kinder zu verantwortungsbewussten Mitgliedern der Menschheitsfamilie zu machen.

Kulturelle Studien

Um unser Ziel zu erreichen, müssen wir Dinge, die der Erfahrung des Kindes fremd sind, lebendig werden lassen. Am einfachsten geschieht dies, wenn man multikulturelle Feste be-

sucht und Kontakt zu Menschen aus anderen Kulturen sucht. Diese internationalen Erfahrungen werden auch in Montessori-Schulen gemacht. Wir konzentrieren uns jeweils auf ein bestimmtes Thema, das wir aus vielen Perspektiven betrachten. Wenn wir uns zum Beispiel mit Afrika beschäftigen, informieren wir uns über das Land, das Klima, die Pflanzen und Tiere, die dort leben, die Menschen und ihre Behausungen, die Speisen, die Kleidung, den Lebensstil, die Geschichten und Legenden, die Kunst und Musik, die traditionellen Tänze und Feste. Wir nehmen jedes Thema so mit verschiedenen Sinnen auf und verbinden theoretische Information und praktische Erfahrungen.

Zu Hause können Sie in gleicher Weise vorgehen. Kleine Kinder interessieren sich für andere Kinder. Sie hören gern Geschichten darüber, wie Kinder in anderen Ländern leben. Sie probieren gern neues Kunsthandwerk aus und hören fremde Musik. Mit Begeisterung lernen sie Lieder und Volkstänze aus der ganzen Welt. Es macht ihnen Spaß, sich anders zu kleiden und fremde Speisen zu probieren. Das hinterlässt bleibende Eindrücke.

Afrikanisches Mädchen Kleine Kinder kleiden sich gern in fremde Trachten und spielen mit Spielsachen aus anderen Ländern.

Kultur-Urlaub

Im Jahresverlauf feiern Sie mit Ihren Kindern die Feste der eigenen Religion und Kultur. Beschäftigen Sie sich doch auch einmal mit den Festen und Bräuchen anderer Kulturen. Vielleicht wollen Sie ja einmal das Fest einer anderen Kultur mitfeiern. Für Kinder ist das eine wertvolle Erfahrung und eine bleibende Erinnerung. Hier finden Sie einige der wichtigsten Feste:

- Chinesisches Neujahrsfest
- Rosch Haschana und Jom Kippur (jüdisch)
- Chanukka (jüdisch)
- Pesshah (jüdisch)
- Diwali (indisch)
- Eid Al Fitr (Islam)
- Weihnachten
- Ostern
- Silvester
- Valentinstag
- 1. Mai
- Muttertag
- Vatertag
- Rosenmontag
- Halloween

Welche Kultur?

Beginnen Sie mit kleinen Schritten. Konzentrieren Sie sich im ersten Jahr auf nur ein Land. Vielleicht wollen Sie Ihrem Kind zunächst ein schönes Bilderbuch oder ein Video über das entsprechende Land zeigen. Dann können Sie Bilder oder Postkarten von oder aus diesem Land sammeln.

Beachten Sie dabei Folgendes:
- Sagen Sie Ihrem Kind gleich zu Anfang, dass Sie auch nicht alles über die Kultur, mit der Sie sich beschäftigen, wissen, aber dass auch Sie, wie Ihr Kind, dazulernen.
- Wecken Sie Neugierde und Abenteuerlust. Tun Sie so, als ob Sie mit Ihrem Kind bald eine Reise in dieses fremde Land machen würden und sich nun darauf vorbereiten.
- Sprechen Sie immer mit Respekt und Wertschätzung über die fremde Kultur. Kinder nehmen unterschwellige Gefühle auf.
- Stellen Sie sicher, dass alle Informationen, die Sie Ihrem Kind über das jeweilige Land vermitteln, authentisch und korrekt sind.

Bereiten Sie eine Ausstellung vor

Sammeln Sie in Ihrer örtlichen Bibliothek oder Buchhandlung so viele Informationen wie möglich über das gewählte Land. Leihen Sie sich Kunstwerke von Verwandten oder Freunden, die aus dem Land stammen oder dort gewesen sind, aus. Vielleicht können Sie sogar Kunstgegenstände, Musikaufzeichnungen oder echte traditionelle Kleidung ausleihen. Diese Stücke können Sie einige Zeit bei Ihnen zu Hause ausstellen und dann zurückgeben.

Wenn Sie das Glück haben, das Land, für das Sie sich interessieren, besuchen zu können, sammeln Sie dort alles Mögliche: Briefmarken, Münzen und Papiergeld, Zeitungen, Postkarten, Tonwaren, Töpfe, Schnitzereien und Statuen, Poster, Modellbauten, einheimische Kleidung. Wenn ein Bekannter eine Reise in dieses Land plant, geben Sie ihm eine Wunschliste mit.

Reservieren Sie einen speziellen Bereich in Ihrer Wohnung, einen Tisch oder ein Regal, um Ihre Schätze auszustellen. An einer Wand können Sie Poster oder Gemälde aufhängen. Für Ihre Kinder und deren Freunde sollte diese Ausstellung äußerst interessant und attraktiv sein. Schmücken Sie sie mit Papierlaternen, Skulpturen, hellen Stoffen, Fahnen, Fächern und Blumen.

Kulturen **werden lebendig** 155

Matroschka Manche Souvenirs, wie diese russischen Puppen, bieten auch neue Sinneserfahrungen.

Ein Montessori-Geburtstag

In Montessori-Einrichtungen wird der Geburtstag jedes Kindes mit einer besonderen Feierlichkeit begangen.

Dein Leben Eine Kerze symbolisiert die Sonne und ein Globus die Erde. Fotos erzählen die bisherige Lebensgeschichte Ihres Kindes.

Bei Geburtstagsfeiern stehen oft Geschenke und Unmengen von Süßigkeiten im Mittelpunkt. Bei einer Montessori-Geburtstagsfeier soll dagegen ein ganzheitliches Verständnis des Lebens vermittelt werden. Im Rahmen einer festen Zeremonie bekommen die Kinder dabei einen ersten Eindruck der Beziehung zwischen Erde und Sonne. Sie erfahren, dass ein Jahr die Zeitspanne ist, die die Erde benötigt, um die Sonne einmal zu umkreisen. Dabei wird dem Kind die Geschichte seines bisherigen Lebens erzählt, von der Geburt bis zum jetzigen Geburtstag. Diese Feier ist auch für zu Hause geeignet.

Die Jahre zählen
Sie brauchen einen kleinen Globus, der die Erde darstellt, eine Kerze oder eine Lampe als Sonne und einen auf den Boden aufgezeichneten oder mit Schnur gelegten Kreis (oder idealerweise eine Ellipse); er stellt die Umlaufbahn der Erde um die Sonne dar. Notieren Sie sich wichtige Ereignisse im Leben Ihres Kindes und legen Sie Fotos von ihm in unterschiedlichem Alter bereit, um ihm die Geschichte seines Lebens erzählen zu können.

Am Geburtstag Ihres Kindes versammelt sich die Familie um diesen Kreis. Stellen Sie die Kerze oder die Lampe in die Mitte des Kreises und

zünden Sie sie an. Erklären Sie ihnen: »Diese Kerze (oder Lampe) steht für die Sonne – dieselbe Sonne, die wir am Himmel oben sehen. Die Sonne ist ein großer Feuerball, der immer brennt und niemals ausgeht.«

Nehmen Sie den Globus und schreiten Sie langsam die Kreislinie ab. Erklären Sie dabei: »Dieser Globus steht für die Erde – der Planet, auf dem wir leben. Die Erde kreist um die Sonne. Es dauert lange, bis die Erde die Sonne umrundet hat. Jedes Mal, wenn die Erde einmal um die Sonne gekreist ist, ist ein Jahr vergangen.«

Alle Jahre wieder Mias Mama zündet die Kerze in der Mitte des Kreises an und erklärt, dass die Erde ein Jahr braucht, um einmal die Sonne zu umrunden.

Heute werde ich vier Jahre alt Mia trägt die Erde viermal um die Sonne und symbolisiert auf diese Weise ihre Lebensjahre.

Weiter geht's Am Ende der Zeremonie bläst Mia die Kerze aus.

Erinnerungskiste Mia sammelt das ganze Jahr über Erinnerungsstücke, die sie in einer Kiste aufbewahrt und immer wieder anschauen kann.

Geben Sie nun den Globus dem Geburtstagskind und bitten Sie es, langsam die Linie entlangzuschreiten, so wie Sie es getan haben. Beginnen Sie, seine Lebensgeschichte zu erzählen, etwa so: »Heute ist Mias Geburtstag, und wir feiern ihn auf unsere besondere Weise. Mia trägt nun den Globus und schreitet die Linie viermal ab, weil sie nun vier Jahre alt ist.

Mia beginnt gerade erst ihre Reise mit der Erde um die Sonne. Sie ist noch nicht geboren worden. Mama und Papa warten gespannt, dass sie auf die Welt kommt. Oma und Opa sind gekommen, um uns zu Hause zu helfen, wenn das Baby geboren ist. Mia, würdest du bitte einen Schritt vorgehen?« Mia geht einen Schritt weiter.

»Nun ist Mia geboren worden. Es ist der 28. Oktober 2002. Sie ist noch winzig klein – nur so groß – und ganz rot. Sie wird in eine Decke gewickelt. Mama und Papa sind schrecklich stolz. Hier ist ein Foto von Mia als neu geborenem Baby.

Mia, geh nun bitte weiter. Halte an, wenn du wieder an diesen Punkt kommst … Mia ist nun ein Jahr alt und feiert mit der Familie ihren ersten Geburtstag …« Führen Sie die Geschichte in dieser Weise fort. Nach vier »Umkreisungen« sagen Sie: »Mia ist jetzt vier Jahre alt. Heute hat sie Geburtstag. Die Erde hat die Sonne viermal umkreist. Vier Jahre sind vergangen, seit Mia geboren wurde.«

Vielleicht wollen Sie die Zeremonie mit einem Geburtstagslied beenden, danach lassen Sie Ihr Kind die Kerze ausblasen.

Manche Familien sammeln im Laufe des Jahres bestimmte Dinge, um sich gemeinsam mit dem Kind an wichtige Ereignisse erinnern zu können. Das können Fotos, ein Familienvideo, ein Brief von Mama oder Papa und ein selbst gebasteltes Kunstwerk oder andere Dinge sein, die Ihrem Kind wichtig sind. Diese Erinnerungskiste wird dort aufbewahrt, wo Ihr Kind sie jederzeit durchstöbern kann.

Glückliche Tage Mia betrachtet mit ihrem Freund Fotos von sich als Kleinkind.

KAPITEL
SECHS

Die beste Zeit zu lernen

Die Grundlagen des Lernens

Die sensible Phase für den Spracherwerb beginnt bei der Geburt; förderlich ist eine Umgebung, in der viel gesprochen wird.

Ehrgeizige Eltern

Lernen ist kein Wettrennen! Kinder lernen in ihrem eigenen Tempo. Im Allgemeinen gilt: Je mehr die Eltern drängen, umso mehr widersetzen sich die Kinder. Ehrgeizige Eltern sehen die Leistung ihrer Kinder als ihr eigenes Verdienst und meinen, wenn ihr Kind mit drei Jahren lesen kann, hätten sie ihre Aufgabe als Eltern gut gemacht. Doch wenn ein Kind dann irgendwann nichts mehr von Büchern, Lernen, Unterricht und Tests wissen will, was ist dann gewonnen?

Bei manchen Kindern besteht schon in frühem Alter eine sensible Phase für den Erwerb intellektueller Fähigkeiten, während andere noch keinerlei Interesse daran zeigen. Wenn Sie richtig vorgehen, können Sie die natürliche Begeisterung Ihres Kindes, lesen, schreiben und konzentriert arbeiten zu lernen, fördern. In diesem Kapitel erfahren Sie, wie sich Ihr Kind in einer förderlichen häuslichen Umgebung, die vorbildhaft wirkt und die richtige Anregung und Unterstützung bietet, in seinem eigenen Tempo entwickeln kann, gemäß seinem »inneren Bauplan«, wie es Maria Montessori formulierte.

Laut vorlesen Es gibt viele wunderschön illustrierte Kinderbücher. Auch bei schmalem Familienbudget sollte man gelegentlich ein gutes Kinderbuch anschaffen. Sobald Ihr Baby sitzen und seinen Blick fokussieren kann, wird es gerne immer wieder kurze Zeit auf Ihrem Schoß sitzen und Bilderbücher betrachten, während Sie die Bilder beschreiben. Lesen Sie ihm jeden Tag vor, nicht nur vor dem Einschlafen, sondern immer, wenn Sie ein wenig Zeit haben. Sie werden bald merken, welches seine Lieblingsbücher sind – diese müssen Sie immer wieder vorlesen. Tun Sie das bereitwillig. Kinder verinnerlichen Geschichten durch die Wiederholung.

Gemeinsame Lesezeit Regelmäßiges Vorlesen weckt die Liebe des Kindes zu Büchern.

Sprechen Sie viel Wenn Sie Ihr Baby bzw. Kleinkind versorgen, beschreiben Sie, was Sie gerade tun. So werden Ihre Handlungen mit der sprachlichen Bezeichnung verbunden und Ihr Kind entwickelt einen großen Wortschatz. »Ich werde dich jetzt frisch wickeln. Oh, bist du nass!«

Beschreiben Sie auch, was Ihr Kind gerade tut. »Du musst großen Durst haben. Du trinkst heute schon so viel.« – »Das Loch, das du gräbst, ist genau richtig. Jetzt kannst du die Pflanze hineinsetzen.« Sprechen Sie deutlich und formulieren Sie genau: »Lege alle blauen Knöpfe zu den anderen blauen Knöpfen.« Auch wenn Ihr Kind vielleicht noch nicht versteht, was die Worte bedeuten, besteht keine Notwendigkeit, in der Babysprache zu reden.

Gehen Sie aber nicht davon aus, dass Ihr Kind Sie versteht. Verwenden Sie einfache Wörter und Sätze und schauen Sie ihm beim Sprechen in die Augen. Wenn Sie seine Augen beobachten, können Sie vermutlich feststellen, ob es Sie versteht oder verwirrt ist. Schaut es weg? Machen Sie vor, was Sie meinen, wenn es Sie nicht zu verstehen scheint.

Miteinander sprechen Sprechen Sie deutlich mit Ihrem Kind und formulieren Sie genau. In seinen Augen können Sie erkennen, ob es Sie versteht.

Wenn das Sprachverständnis Ihres Kindes wächst, können Sie nach und nach neue, schwierigere Wörter und einen komplexeren Satzbau verwenden. Fordern Sie es mit neuen Wörtern heraus. Schalten Sie Fernseher und Radio ab, wenn Sie nicht gemeinsam zuschauen oder zuhören – eine lärmerfüllte Umgebung behindert die Sprachentwicklung.

Solange Ihr Kind sehr klein ist, helfen Sie ihm, ohne Worte zu kommunizieren. Stellen Sie Geschichten oder Situationen pantomimisch dar und ermuntern Sie Ihr Kind, es Ihnen gleich zu tun. Sie können auch vormachen, was Wörter bedeuten (groß, lang, schnell, langsam, lächelnd, traurig). Auch älteren Kindern macht das noch viel Spaß.

Alltagsgegenstände bezeichnen

Bringen Sie Ihrem Kind die richtigen Bezeichnungen für Haushaltsgegenstände bei. In der sensiblen Phase des Spracherwerbs lernen Kinder neue Wörter sehr schnell und begreifen ihre Bedeutung. Je mehr Wörter sie lernen, umso besser! Wenn Ihr Kind Wörter falsch bildet oder verkehrt ausspricht, übernehmen Sie diese Wortschöpfungen nicht, auch wenn sie lustig sind. Verwenden Sie die richtige Bezeichnung; die Fähigkeit, verschiedenste Laute zu verstehen und zu bilden, entwickelt sich schrittweise. Das Kind lernt zum Beispiel zunächst das Wort »Hund«, und es lernt, einen Hund von einer Katze zu unterscheiden. Ab dem dritten Lebensjahr können Sie dann Wörter einführen, die Hunde und Katzen näher definieren. Zum Beispiel lernt Ihr Kind nun, dass Ihr Hund »Rex« ein Bernhardiner ist und Nachbars »Struppi« ein Dackel.

Nach der Montessori-Methode kann man Kindern in drei Schritten die Namen vertrauter Tiere und Vögel aus der Umgebung, die Namen von Blumen und Bäumen, von Obst und Gemüse, Körperteilen und Haushaltsgegenständen beibringen (siehe S. 166 f.). Ein großer Wortschatz stellt ein solides Fundament für lebenslanges Lernen dar.

Adjektive verwenden

Sobald Ihr Kind die Bezeichnungen vieler Gegenstände kennt, erweitern Sie seinen Wortschatz, indem Sie ihm Wörter beibringen, die Gegenstände beschreiben. Zunächst können Sie die Farben der Gegenstände beschreiben. Beginnen Sie mit den Primärfarben (rot, blau und gelb), dann kommen die Sekundärfarben (orange, violett, grün) und schließlich die Schattierungen der Farben (rosa, hellblau, gelbbraun usw.). Bringen Sie ihm nun Wörter bei, die die Farben näher beschreiben, wie blassblau, dunkelrosa, hellgelb. Auch Adjektive, die die Größe beschreiben (groß oder klein, kurz oder lang, dünn oder breit), den Geschmack (salzig, süß, bitter, sauer), das Gewicht (leicht und schwer), die Beschaffenheit (rau und geschmeidig), lernt Ihr Kind rasch.

Wenn Ihr Kind wichtige Adjektive kennt, machen Sie es mit Steigerungen vertraut: groß, größer, am größten. Dieses Vokabular braucht Ihr Kind für die in Kapitel zwei beschriebenen Sinnesaktivitäten. »Welcher dieser Würfel ist der größte? Und welcher der zweitgrößte?« Sobald Ihr Kind wichtige Adjektive kennt, bitten Sie es, Gegenstände mit seinen eigenen Worten zu beschreiben. Regen Sie es an, Geschichten nachzuerzählen. Oder lassen Sie es beschreiben, was es während der gemeinsamen Zubereitung der Mahlzeiten alles macht.

Das Kommando-Spiel

Man mag es vielleicht kaum glauben, doch im Spiel befolgen Kinder gern Befehle. Beginnen Sie mit einfachen Anweisungen: »Bitte gib mir die Spielzeugente« oder: »Bitte gib mir die Ente da drüben.« Dann werden die Aufforderungen schwieriger, wenn Sie einen Gegenstand oder seinen Platz beschreiben. »Würdest du mir den großen roten Eimer auf dem obersten Regal dort geben?« Für kleine Kinder ist es noch schwieriger, wenn sich der erbetene Gegenstand in einem anderen Zimmer befindet. Seien Sie nicht überrascht, wenn das Kind unterwegs seinen Auftrag vergisst. Geben Sie solche Aufträge nicht zu früh.

Bei älteren Kindern können Sie mehrere Schritte kombinieren. »Würdest du bitte diese Blumen in die Küche bringen und sie auf die Arbeitsplatte neben dem Spülbecken legen? Dann suchst du eine Vase aus und füllst sie mit Wasser. Stelle die Blumen hinein und arrangiere sie schön. Wenn du fertig bist, stellst du die Vase auf den Tisch und wir richten die Wohnung für unsere Gäste schön her.«

Wortschatzerweiterung

Montessori-Lehrer gehen bei der Einführung neuer Materialien nach einer Drei-Stufen-Lektion vor, bei der Kinder einen reichen Wortschatz entwickeln. Kinder lernen, was Wörter bedeuten, indem sie die Bezeichnung mit einem Gegenstand verbinden können. Hier finden Sie als Beispiel, wie die Namen der Sekundärfarben vermittelt werden können.

Zeigen Sie Ihrem Kind als ersten Schritt eine orange Farbkarte. Benennen Sie die Farbe: »Das ist orange.« Zeigen Sie Ihrem Kind nun eine grüne Farbkarte. Benennen Sie die Farbe: »Das ist grün.« Schließlich zeigen Sie eine violette Farbkarte und sagen: »Das ist violett.«

Im zweiten Schritt helfen Sie Ihrem Kind, eine Verbindung zwischen der Bezeichnung und seiner eigenen Erfahrung herzustellen. Nennen Sie ihm einen Farbnamen und bitten es, die entsprechende Farbe zu zeigen. »Zeig mir Orange.« Es könnte auf die orange Farbkarte zeigen – oder auch auf eine Orange. Als Nächstes bitten Sie: »Zeig mir Violett«, und es sollte auf das violette Muster zeigen. Wenn es einen Fehler macht, wiederholen Sie einfach die Lektion. Zurückkehrend zum ersten Schritt zeigen Sie auf das violette Muster und stellen nochmals fest: »Das ist violett.« Zeigen Sie auf das grüne Muster und sagen: »Das ist grün.«

Im dritten Schritt bitten wir das Kind, selbst die Farbe zu nennen. Zeigen Sie auf eine Farbkarte und fragen: »Welche Farbe ist das?« Ihr Kind sollte antworten: »Orange.« Wenn es einen Fehler macht, wiederholen Sie die Lektion geduldig mit dem ersten und zweiten Schritt.

Viele, viele Wörter

Anfangs können Sie Ihrem Kind mithilfe der Drei-Stufen-Lektion viele Begriffe des Alltags, wie Obst- oder Gemüsesorten, Tiere, Vögel und Haushaltsgegenstände beibringen. Wiederholen Sie das Spiel mehrere Tage oder Wochen lang mit denselben Gegenständen – führen Sie erst neue ein, wenn Ihr Kind die bisherigen beherrscht.

Wenn Ihr Kind älter wird, können Sie sein Vokabular weiterhin durch die Drei-Stufen-Lektion erweitern. Führen Sie Begriffe aus der Geometrie oder der Botanik ein oder bringen Sie ihm Landschafts- und Wasserformen (Inseln, See, Meer, Fluss) bei. Je mehr Wörter Kinder kennen, umso besser beobachten und verstehen sie, was in ihrer Umgebung geschieht.

Schritt für Schritt: die Drei-Stufen-Lektion

EINS Oswins Mama nennt ihm die Namen dreier Gemüsesorten. Dabei zeigt sie auf jede Sorte.

ZWEI Nun bittet sie ihn, auf eine Sorte zu zeigen – den Kürbis. Das macht sie nacheinander mit jedem Gemüse.

DREI Seine Mutter nimmt eine Gemüsesorte und fragt Oswin, wie sie heißt.

Geschichtenzeit Bitten Sie Ihr Kind, ein Bild auszusuchen und Ihnen eine Geschichte darüber zu erzählen. Dies fördert das Ausdrucksvermögen.

Rotkehlchen Jana wählt ein Bild von einem Rotkehlchen, schneidet es aus und klebt es auf ein Blatt Papier.

Erzähl mal Jana erfindet eine Geschichte über das Rotkehlchen, und ihre Mutter schreibt sie auf.

Eine Geschichte erzählen Bitten Sie Ihr Kind, aus einer Zeitschrift ein interessantes Bild auszusuchen und auszuschneiden. Dann soll es Ihnen etwas über die Figuren oder Tiere auf dem Bild erzählen. Ihr älteres Kind mag vielleicht eine Geschichte erfinden. Schreiben Sie mit dem Computer auf, was es sagt, Wort für Wort, und drucken Sie seine Geschichte in großer Schrift aus. Wenn Sie auf jede Seite unten nur einen Satz schreiben, will Ihr Kind vielleicht sein Bild darüberkleben und auf den weiteren Seiten selber Illustrationen zeichnen. Binden Sie dann die gelochten Seiten zu einem »Buch« zusammen.

Helfen Sie Ihrem Kind, zum Abschluss seinen Namen unter sein Werk zu schreiben. Wenn es noch nicht schreiben kann, soll es ein Zeichen machen oder einen Buchstaben schreiben. So entwickelt es ein Gespür für den Zusammenhang zwischen den geschriebenen Zeichen und dem gesprochenen Wort.

> »Sie können Ihr Kind zum Sprechen anregen, indem Sie es fragen, wie die gerade erzählte Geschichte wohl weitergehen wird«

Fragen und Gefühle Wenn Ihr Kind erzählen will, hören Sie bereitwillig zu. Sie können es zum Sprechen anregen, indem Sie es fragen, wie seiner Meinung nach die gerade erzählte Geschichte weitergehen wird. »Woher wusste der Zwerg, dass jemand auf seinem Stuhl gesessen hat?« – »Er war kaputt und jemand Schweres muss darauf gesessen haben.« Offene Fragen geben Ihrem Kind die Gelegenheit, seine Gedanken zu sammeln, zu formulieren und laut mitzuteilen. »Was würdest du sehen, wenn du ein Vogel wärst, der über unserem Haus fliegt?«

Ermutigen Sie Ihr Kind, über seine Gefühle zu sprechen. Schneiden Sie aus Zeitschriften Fotos von Menschen mit verschiedenen Gefühlen aus – glücklich, traurig, wütend, ängstlich, fröhlich. Fragen Sie es, welche Gefühle es erkennen kann, und bitten Sie es dann, über seine eigenen Gefühle zu sprechen: »Was geschieht, wenn du erschrickst?«

Durch Schreiben
lesen lernen

Das Lesenlernen kann ebenso einfach und unproblematisch sein wie das Sprechenlernen.

Buchstaben **lernen**

Bei der Einführung der Buchstaben ist es sinnvoll, mit Selbstlauten (Vokalen) und stimmhaften Mitlauten zu beginnen. Das Kind darf zudem selbst mitbestimmen, welchen Buchstaben es lernen will. Gut geeignet für den Anfang sind Buchstaben wie O, I, U, M oder F.

In Montessori-Schulen lernen Kinder spielerisch über die Lautbildung das Lesen und Schreiben. Sie entwickeln ein Verständnis davon, wie die gesprochenen Laute unserer Sprache beim Schreiben in symbolische Buchstaben des Alphabets übertragen werden. Auf diese Weise erfahren Kinder zunächst einzelne Buchstaben, die sie dann zu Wörtern und Sätzen zusammensetzen. Diese Methode können Sie auch zu Hause mit ein paar Materialien umsetzen. Es gibt viele verschiedene Anzeichen, die uns erkennen lassen, dass unser Kind die sensible Phase für Buchstaben durchlebt. Plötzlich erwacht sein Interesse an so schönen Buchstaben wie dem »M« oder dem »W«. Sie suchen mit der Mama gemeinsam das »P« für den Platz, an dem das Auto geparkt werden kann. Sie wollen im Aufzug unbedingt das »E« drücken, um in das Erdgeschoss zu gelangen … Es ist enorm wichtig, diese Phase zu nutzen und das richtige Material anzubieten. Wenn das Kind Interesse am Lesen und Schreiben zeigt, bieten Sie ihm Sandpapierbuchstaben und das bewegliche Alphabet an. So kann es ganzheitlich und kindgerecht lernen.

Sandpapierbuchstaben Dieses Material bildet die Grundlage des Lesenlernens. Es ermöglicht Kindern eine taktile, eine visuelle sowie beim Benennen eine akustische Wahrnehmung der Buchstaben. Das Sand-

Durch Schreiben **lesen lernen** 171

Buchstaben lernen Zeigen Sie Ihrem Kind, wie man Sandpapierbuchstaben mit dem Finger nachfährt.

Wie man Sandpapierbuchstaben herstellt

Fertigen Sie aus dünner Hartfaserplatte oder festem Karton 26 Tafeln in der Größe 20 x 15 cm. Für einige Buchstaben, wie »w«, benötigen Sie vielleicht eine breitere Tafel. Mit einem giftfreien Farbspray färben Sie jede Tafel – blau die Tafeln für die Vokale – a, e, i, o und u –, rot die für die Konsonanten – b, c, d, f, g, h, j, k, l, m, n, p, q, r, s, t, v, w, x, y, z. Als Nächstes schneiden Sie die Buchstaben aus feinem Sandpapier aus. Unter folgender Internetadresse finden Sie eine Datei mit großen Schablonen, die Sie herunterladen können: www.montessori.org/sitefiles/alphabet_low.pdf (Kleinbuchstaben), www.montessori.org/sitefiles/alpahbet_caps.pdf (Großbuchstaben). Schneiden Sie die Buchstaben mit einem Teppichmesser aus. Mit diesen Schablonen können Sie nun Ihre 26 Sandpapierbuchstaben herstellen. Kleben Sie jeden Buchstaben mit der rauen Seite nach oben auf eine Holztafel.

papieralphabet besteht aus 26 Holztäfelchen mit aufgeklebten Buchstaben aus Sandpapier. Die Konsonanten sind rot, die Vokale blau, damit Kinder leichter zwischen ihnen unterscheiden können. Sandpapierbuchstaben können über verschiedene Hersteller bezogen (siehe S. 188) oder selbst angefertigt werden (siehe Randspalte rechts).

Mit etwa drei Jahren zeigen viele Kinder Interesse an Buchstaben. Machen Sie es in diesem Fall mit einigen Buchstaben bekannt. Das Kind fährt mit dem Finger einen Buchstaben nach und spricht dazu den entsprechenden Laut, zum Beispiel »r« oder »s«. Danach wird es aufgefordert, das R zum Radio oder das S zum Schreibtisch zu bringen. Oder es kann seine Nase in eine Tüte Zimt stecken und weiß nun, dass Buchstaben wie das Z auch riechen können. So verinnerlichen Kinder durch das Ertasten, das Riechen und die Bewegung die Laute.

Entsprechend der Drei-Stufen-Lektion bitten Sie anschließend Ihr Kind, Ihnen einen Gegenstand zu bringen oder zu nennen, der mit dem entsprechenden Buchstaben beginnt. Dann legen Sie die verschiedenen Buchstaben für ein Wort aneinander, und Ihr Kind wird sie nacheinander benennen und hat so sein erstes Wort gelesen!

Der zweite Schritt führt vom additiven Lesen, wo noch Buchstabe an Buchstabe gereiht wird, zum zusammenziehenden Lesen. Da hilft dann die Fahrstuhl-Methode, bei der ein K, ein S oder ein P untereinander liegen und das O vom K zum S, zum P »fährt«. Das Kind beginnt, die Buchstaben zusammenzuziehen, und erlebt, wie Wörter entstehen. Später dann werden die Wörter immer länger, fügen sich allmählich zu Sätzen, und die Sätze reihen sich zu Texten aneinander.

Buchstaben im Sand Bald zeichnet Ihr Kind die Buchstaben gern auf einem Tablett mit Sand.

Führen Sie schrittweise mehr Buchstaben ein, vielleicht zwei pro Woche, bis Ihr Kind das ganze Alphabet kennt. Überlassen Sie immer Ihrem Kind die Führung. Wenn es gelangweilt ist, beenden Sie die Lektion – das Kind soll Spaß am Lernen und echtes Interesse am Lesen und Bilden von Wörtern entwickeln; es geht zunächst einmal gar nicht darum, dass es möglichst früh lesen kann.

Es ist nicht ungewöhnlich, dass kleine Kinder auf diese Weise schon nach einigen Monaten lesen können. Das ist ein »Nebeneffekt« von Maria Montessoris sorgfältig durchdachter Sprachförderung. Statt Wörter über das Anschauen zu lernen, sprechen Kinder phonetische Wörter Laut für Laut aus, was einfacher ist als das »Dekodieren« gedruckter Wörter in die Komponenten ihrer Laute.

Um Ausspracheschwierigkeiten vorzubeugen, sind anfangs lautgerechte Wörter empfehlenswert (z. B. Hund, Hase, Igel). Phonogramme wie »ST« oder »SCH« können je nach Schwierigkeit isoliert mit entsprechend ausgewähltem Material dargeboten werden. Später bieten sich auch Materialien mit ähnlich klingenden Buchstaben wie B–P oder G–K zur Schulung der phonematischen Differenzierung an.

Schreiben im Sandbett

Als Nächstes können Sie Ihr Kind anregen, die schon bekannten Buchstaben in feinen Sand zu zeichnen. Schütten Sie zu diesem Zweck den Sand auf ein Tablett mit hohem Rand, damit nichts verschüttet wird. Nachdem Ihr Kind einen Sandpapierbuchstaben auf Papier nachgezogen hat, bitten Sie es, den Buchstaben im Sand zu zeichnen. Die wiederholte Bewegung prägt die Form des Buchstabens im Gehirn ein. Maria Montessori spricht in diesem Zusammenhang vom Muskelgedächtnis.

Einen Stift benutzen

Bevor Ihr Kind schreiben lernen kann, muss es über eine ausreichende Handkontrolle und über Koordinationsvermögen verfügen. Viele der sensorischen Aktivitäten, die wir in früheren Kapiteln besprochen haben, haben den zusätzlichen Vorteil, dass Ihr Kind dabei die für das Schreiben mit der Hand so wichtige Augen-Hand-Koordination entwickelt. Als Vorbereitung auf das Schreiben geben Sie ihm qualitativ hochwertige Buntstifte, mit denen es Formen auf Papier zeichnen kann. Zeigen Sie ihm, wie man die Formen sorgfältig mit parallelen Strichen ausschraffiert.

Eine kleine Tafel und Kreide sind hilfreich, wenn Ihr Kind erste Schreibversuche macht. Lassen Sie es einen Sandpapierbuchstaben mit den Fingern nachfahren. Dann soll es versuchen, ihn auf die Tafel zu schreiben. Wenn es einzelne Buchstaben schreiben kann, regen Sie es an, einfache Wörter zusammenzusetzen.

Mit Kreide schreiben Geben Sie Ihrem Kind eine kleine Tafel, auf der es Wörter mit Kreide schreiben kann.

Mit Buchstaben spielen

Durch dieses Spiel vertiefen Sie das Verständnis der Laute der Buchstaben. Das Kind lernt dabei, den ersten Laut in einem Wort zu erkennen. Sammeln Sie fünf kleine Gegenstände, die mit dem gleichen Buchstaben beginnen. Für den Buchstaben »P« nehmen Sie zum Beispiel eine Puppe. Legen Sie zwei oder drei Sandpapierbuchstaben auf einen Läufer. Die Gegenstände legen Sie in einen Korb. Bitten Sie Ihr Kind, einen Gegenstand herauszunehmen und ihn zu benennen. Dann fragen Sie es: »Welchen Laut hörst du am Anfang des Wortes?« Sprechen Sie das Wort sorgfältig aus, Laut für Laut: »Puppe beginnt mit ›ph‹. Deshalb stellen wir die Puppe unter das P.« Nun darf Ihr Kind fortfahren, bis alle Gegenstände zugeordnet sind.

Bewegliches Alphabet Eine Box enthält Buchstaben, mit denen das Kind Wörter zusammensetzt.

Das bewegliche Alphabet

Sobald Ihr Kind mehrere Buchstaben und ihre Laute mithilfe der Sandpapierbuchstaben erkennt, können Sie es mit dem beweglichen Alphabet vertraut machen. Dieses Set mit Holz- oder Plastikbuchstaben gibt dem Kind die Möglichkeit, Wörter in ihre Bestandteile, die Buchstaben, aufzulösen und so die Lautzusammenhänge von Buchstaben und Wort zu erfassen. Das bewegliche Alphabet ist in Fachgeschäften erhältlich. Sie können auch andere Plastik- oder Magnetbuchstaben für Kinder verwenden. Ihr Kind kann Wörter zusammensetzen, indem es einen kleinen Gegenstand oder ein Bild auswählt und dann das Wort mit den Buchstaben legt. Dabei spricht es die Wörter Laut für Laut aus und sucht jeweils den Buchstaben, der diesen Laut darstellt.

Wenn Ihr Kind beginnt, Wörter, Satzteile, Sätze und Geschichten zusammenzusetzen, wird seine »Rechtschreibung« manchmal ein wenig abenteuerlich sein. Korrigieren Sie es nicht – ermutigen Sie es vielmehr, damit es Zutrauen in seine Schreib- und Lesefertigkeiten gewinnt.

Der Prozess der Wortbildung mit dem beweglichen Alphabet dauert über Jahre an und schreitet allmählich von Wörtern mit drei zu Wörtern mit vier und fünf Buchstaben voran.

Der Leseprozess

Das Kind lernt bei diesem Vorgehen ganz nebenbei, oft kaum merklich, Lesen und Schreiben. Zunächst identifiziert es Buchstaben, die es ganz selbstverständlich zunehmend zu Wörtern zusammenzieht, sodass es bald einzelne Wörter, dann Sätze und schließlich Geschichten liest. Bei manchen Kindern geschieht dies im Alter von vier Jahren, bei anderen mit fünf oder sechs Jahren. Einige wenige lesen schon früher, andere brauchen länger. Jedes Kind ist anders. Es ist sinnlos, ein Kind zu drängen, das noch kein Interesse zeigt und sich lieber mit anderen Dingen beschäftigt.

Sobald Ihr Kind jedoch das geringste Interesse zeigt, beginnen Sie, ihm das Lesen beizubringen – egal, wie alt es ist. Wenn es in der sensiblen Phase für Buchstaben ist, wird es überall Buchstaben wahrnehmen. Mit etwas Unterstützung lernt es dann mühelos lesen und schreiben. Drucken Sie am PC Karten mit den Namen bekannter Dinge aus. Ihr Kind kann diese lesen, wenn es die entsprechenden Gegenstände benutzt, und so nach und nach wichtige Bezeichnungen bekannter Alltagsgegenstände lernen.

Das Verbspiel

Wenn Ihr Kind Wörter lesen kann, versuchen Sie eine schwierigere Variation des Kommando-Spiels. Bereiten Sie ein Kartenset vor, wobei auf jeder Karte ein einziges Wort (ein Verb) steht.

Ihr Kind nimmt eine Karte, liest sie, gibt sie Ihnen und führt die darauf stehende Anweisung aus: hüpfen, lächeln, gähnen, schlafen, klatschen, sitzen, stehen, winken, essen, trinken, die Hände auf den Kopf legen usw.

Sobald es Karten mit einer Anweisung lesen kann, erstellen Sie schwierigere Karten mit kompletten Sätzen: »Bring mir eine Puppe« oder »Watschle durch den Raum wie eine Ente.«

AKTIV SEIN

Erste Schritte zur Mathematik

Vermitteln Sie Ihrem Kind spielerisch grundlegende mathematische Vorstellungen.

Das Zählen ist eine Aktivität, die Sie ganz einfach in Ihren Alltag einbauen können. In vielen Situationen kann man gemeinsam zählen: Beim gemeinsamen Kochen zählen Sie, wie viele Löffel man zugeben muss; beim Spazierengehen zählen Sie die Schritte von eins bis zehn und beginnen dann wieder von vorn. Werfen Sie sich abwechselnd einen Ball zu und zählen Sie die Würfe.

Was Zahlen bedeuten Zählen lernen fällt vielen Kindern leicht. Schwieriger ist es, eine Vorstellung der damit verbundenen Menge zu entwickeln. Viele kleine Kinder können auswendig »zählen« und die Abfolge der Zahlen von eins bis zehn wiedergeben, doch meist haben sie keine Vorstellung vom Unterschied zwischen zwei Mengen, sobald es sich um Gruppen von mehr als drei oder vier Objekten handelt. Sie rechnen beispielsweise so: »Eins, zwei, drei … viele!« Eine Vorstellung von Mengen können Kinder mithilfe des Mathematikmaterials von Montessori erwerben. Dieses Material bietet die Möglichkeit, dass das Kind sich mit den Sinnen, durch handelndes Rechnen, Erkenntnisse erarbeitet, also nicht nur mit dem Sehsinn arbeitet.

Eins, zwei, drei Zählen ist eine Basisfertigkeit.

Rechenstäbe
herstellen

Zur Herstellung der Rechenstäbe fertigen Sie aus Hartfaserplatte etwa 1 cm breite Stäbe in der Länge 10 cm, 20 cm, 30 cm usw. bis 100 cm. Sprühen Sie alle Stäbe rot an und lassen sie trocknen.

Nun markieren Sie die Segmente, die blau eingefärbt werden sollen. Der »Einerstab« ist ganz rot, beim Zweierstab sind die ersten 10 cm rot, die folgenden blau. Beim Dreierstab sind die ersten 10 cm rot, die folgenden 10 cm blau, die letzten 10 cm rot. So entsteht eine Abfolge von roten und blauen Segmenten. Färben Sie die weiteren Stäbe entsprechend ein.

Zahlentreppe Zeigen Sie Ihrem Kind, wie man die Rechenstäbe zu einer Treppe anordnen kann, vom größten zum kleinsten. Zählen Sie jedes Segment gemeinsam.

Zunächst wird dabei mit Rechenstäben gearbeitet. Durch die Abfolge farblich differenzierter, unterschiedlich großer Stäbe kann das Kind eine Vorstellung von Zahlen und damit verbundenen Mengen entwickeln.

Der erste Stab ist 10 cm lang und rot. Der zweite ist 20 cm lang und in zwei 10-cm-Segmente unterteilt, eines rot und eines blau. Entsprechend werden die weiteren Stäbe unterteilt.

Kinder erfahren dabei die Natur der Addition und die Vorstellung, dass man zwei Zahlen zusammenfügen kann. Wenn die Kinder zum Beispiel den Zahlenstab »Eins« an den Zahlenstab »Zwei« legen, ergibt sich ein neuer Stab, der dieselbe Länge hat wie der »Dreierstab«, der darüber liegt.

Erste Schritte zur **Mathematik** 179

IM KORB Max wirft kleine Säckchen in einen Korb und zählt dabei die Anzahl seiner Würfe.

KARTOFFELN ZÄHLEN Hanna übt das Zählen mit verschiedenen Nahrungsmitteln.

ERSTE MATHEMATIK Oswin zählt die Orangen in einer Schale. Seine Mutter nimmt zwei heraus und fragt: »Wie viele sind es jetzt?«

Körbe zählen Der Mengen-, Zahlen- und Ziffernbegriff kann durch Spiele mit alltäglichen Materialien weiter gefördert und im Alltag umgesetzt werden. Für das Körbe-Spiel benötigen Sie zehn kleine Körbe, die jeweils mit einer Zahlenkarte – 0, 1, 2, 3 bis zu 9 – beschriftet sind. Ein weiterer großer Korb enthält 45 identische Teile. In Montessori-Schulen verwenden wir dabei Holzspindeln mit 1 cm Durchmesser und 15 cm Länge. Zu Hause können Sie große Holzkugeln oder Wäscheklammern verwenden. Zeigen Sie Ihrem Kind, wie man die auf dem Korb angegebene Anzahl der Teile in jeden Korb legt: eins, zwei, drei usw. bis neun. Natürlich bleibt der mit »0« beschriftete Korb leer. Dies vermittelt Ihrem Kind bereits die Vorstellung, dass null »nichts« (»leer«) bedeutet. Wenn Ihr Kind richtig zählt, werden keine Teile übrig bleiben, wenn alle Körbe gefüllt sind.

Einfache Summen Es gibt viele Aktivitäten, bei denen Sie mit Ihrem Kind das Zählen und Zusammenzählen üben können. Mithilfe von Puppen können Sie einfache Summen veranschaulichen: »Zuerst waren Mama und Papa zu zweit. Dann wurde das Baby geboren. Wie viele sind sie jetzt?« Sie können dasselbe mit Obststücken oder Gegenständen üben.

Experimente zu Hause

Ihr Zuhause ist ein idealer Ort für wissenschaftliche Experimente, die Ihr Kind entdecken lassen, wie die Welt funktioniert.

Magischer Magnetismus Spannend ist es, die magnetischen Eigenschaften verschiedener Gegenstände zu untersuchen.

Es gibt so viele naturwissenschaftliche Beschäftigungen, die Sie mit Ihrem Kind durchführen können, dass ich ein ganzes Buch damit füllen könnte. Viele der in diesem und den vorhergehenden Kapiteln angeführten Aktivitäten haben etwas mit Wissenschaft zu tun: Übungen zur sensorischen Bewusstheit, Naturspaziergänge, gemeinsame Gartenarbeit usw. Hier finden Sie einige weitere Ideen.

Magnetisch oder nicht magnetisch

Legen Sie eine Anzahl kleiner Gegenstände in einen Korb, von denen einige aus eisenhaltigem Material bestehen sollten und mit einem Magnet hochgezogen werden können. Bereiten Sie zwei Karten vor. Auf einer steht »Magnetisch«, auf der anderen »Nicht magnetisch«. Geben Sie Ihrem Kind einen kleinen Magneten, um festzustellen, welche Gegenstände angezogen werden und welche nicht. Dann darf es die Gegenstände der richtigen Karte zuordnen.

Lebend oder unbelebt

Füllen Sie einen Korb mit Spielsachen und anderen kleinen Dingen, die lebende (organische) bzw. unbelebte (anorganische) Dinge darstellen. Beschriften Sie Karten mit »Lebend« und »Nicht lebend«. Spielsachen, die Tiere, Bäume, Menschen darstellen, stehen für Lebendes. Unbelebt sind zum Beispiel ein Magnet, ein Fingerhut, ein Spielzeugauto, ein kleines Spielhaus oder ein kleiner Spiegel. Bitten Sie Ihr Kind im Anschluss, die Gegenstände den richtigen Karten zuzuordnen.

Sinken oder Schwimmen

Sammeln Sie eine Anzahl von Gegenständen, von denen Sie wissen, dass sie schwimmen, und andere, die sinken. Welche schwimmen nach Meinung Ihres Kindes und welche nicht? Stellen Sie dann eine Schüssel mit Wasser auf ein Tablett, geben Sie die Gegenstände hinein. Hat es Recht gehabt?

Interessante Schwimmspiele

Ihrem Kind gefällt es bestimmt, zu testen, ob Gegenstände in einer großen Schüssel mit Wasser schwimmen oder untergehen.

Samen keimen

Für dieses Experiment benötigen Sie getrocknete, ungekochte Butterbohnen, Papiertücher und einen Pflanzensprüher. Zeigen Sie Ihrem Kind, wie es eine Bohne nimmt, auf ein Papiertuch legt, sie vorsichtig einwickelt und dann den Samen und das Papiertuch mit Wasser besprüht. Erinnern Sie es daran, das Papiertuch täglich zu besprühen, damit der Samen feucht bleibt. Wenn er keimt, zeigen Sie Ihrem Kind, wie es ihn in einen kleinen Blumentopf mit Pflanzerde umtopft und feucht hält.

Ein Korb mit lebendem Gras

Legen Sie Plastikfolie in einen kleinen Korb. Lassen Sie Ihr Kind 2 cm hoch kleine Kieselsteine und darauf 5 cm Pflanzerde auf die Folie füllen. Zeigen Sie ihm, wie es Grassamen auf die Pflanzerde streut und vorsichtig festdrückt. Stellen Sie den Korb in die Nähe eines Fensters und erinnern Sie Ihr Kind daran, ihn mehrmals täglich mit Wasser zu besprühen, damit der Samen feucht bleibt. In etwa zwei Wochen wird der Grassamen zu keimen beginnen.

Segelboote basteln Bauen Sie aus Walnussschalen, Karton, Zahnstocher und Knete kleine Segelboote, die in einem selbst gemachten See zu Wasser gelassen werden können.

Einen Socken ziehen

Im Herbst fangen wir mit Strümpfen und Hosen oft Kletten und andere fest hängende Samen ein. Geben Sie Ihrem Kind ein Paar lange Socken, die es über seine Hosenbeine ziehen soll. Machen Sie einen Spaziergang durch Gestrüpp, wo Sie sicher solche »mitreisenden« Samen einfangen. Zu Hause legen Sie die Socken an einem sonnigen Ort in eine Wanne mit Wasser und lassen dann ein Ende im Wasser und den restlichen Strumpf heraushängen, sodass er weiterhin Wasser aufsaugt. Nach ein oder zwei Wochen beginnen die Samen zu keimen, und Ihr Kind hat einen »lebenden Socken gezogen«!

Wurzeln untersuchen

Graben Sie vorsichtig eine Pflanze mit unversehrten Wurzeln aus. Legen Sie sie auf eine Zeitung und schütteln die Erde ab, um die Wurzeln freizulegen. Erklären Sie Ihrem Kind, dass jede Pflanze über seine Wurzeln Wasser und Nährstoffe aus der Erde aufnimmt. Betten Sie dann die Erde wieder um die Wurzeln und setzen die Pflanze wieder in die Erde.

Experimente **zu Hause** 183

Segelboote aus Walnussschalen

Füllen Sie ein großes Tablett mit Wasser, auf dem Ihre Kinder kleine Boote aus Walnussschalen segeln lassen können. Zur Herstellung der Boote teilen Sie vorsichtig eine Walnuss in zwei Hälften. Zeigen Sie Ihrem Kind, wie es aus einem Stück festem Karton ein viereckiges oder dreieckiges Segel schneidet. Als Mast können Sie einen Zahnstocher verwenden und das Segel daran hissen. Füllen Sie die Walnusshälften mit Knete und stechen den Mast hinein, sodass er aufrecht steht. Die Kinder können ihre Boote nun zu Wasser lassen und sie vorsichtig anblasen.

Luft gießen

Kleine Kinder finden es lustig, Luftblasen zu machen, indem sie einen mit Luft gefüllten Behälter unter Wasser tauchen und dann die Luft herauslassen (gießen), indem sie den Behälter vorsichtig nach oben kippen. Das funktioniert mit einem tiefen Behältnis, zum Beispiel einem Eimer, am besten.

Ist Montessori für Ihr Kind richtig?

Wenn Sie die Ideen aus diesem Buch gern zu Hause umgesetzt haben, wollen Sie Ihr Kind vielleicht auf eine Montessori-Schule schicken.

Freudentanz In einer Montessori-Schule zu lernen macht Spaß und ist eine aufregende Erfahrung.

Eine der Stärken der Montessori-Erziehung ist die Atmosphäre der Kooperation und des Respekts. Die Kinder lernen in altersgemischten Gruppen miteinander, nach ihren individuellen Bedürfnissen. Diese Methode ist für Kinder mit ganz unterschiedlichen Persönlichkeiten, Temperamenten und Lernstilen »richtig«. Familien mit ganz unterschiedlichen Lernerwartungen sind mit diesem pädagogischen Konzept sehr zufrieden. In den meisten Fällen arbeiten Schule und Elternhaus zum Wohle des Kindes zusammen.

Die Lehrpläne sind sorgfältig strukturiert und aufgebaut, um Kindern optimale Lernbedingungen zu schaffen. Eltern mit sehr hohen Leistungsansprüchen haben jedoch oft Probleme, das Montessori-Konzept zu verstehen und zu unterstützen. Es basiert auf der Voraussetzung, dass jedes Kind neugierig, kreativ und lernwillig ist und seine Welt selbstbestimmt erfahren will, also auf natürliche Weise lernt, während in Regelschulen der vorgegebene Prozess des Lernens Kindern oft unnötigen Stress bereitet.

Für Familien, die wenig organisiert sind (morgens zu spät kommen, Kinder zu unterschiedlichen Zeiten abholen und Probleme haben, Termine wahrzunehmen und eng mit der Schule zusammenzuarbeiten), ist das Montessori-Konzept oft frustrierend, obwohl die Kinder aus solchen Familien oft sehr an dieser Struktur festhalten, da sie ihnen Sicherheit gibt.

Eine Schule auswählen Obgleich die meisten Schulen versuchen, ihrem Verständnis der Ansichten und Forschungen von Maria Montessori treu zu bleiben, wurden sie doch alle von der kulturellen und technischen Entwicklung während der 100 Jahre seit der Gründung der ersten Montessori-Schulen beeinflusst. Hinzu kommt, dass Maria Montessori selbst nie eine ideale Schule entworfen, sondern ein allgemeines pädagogisches Konzept formuliert hat. Daher werden ihre Methode und Philosophie auch unterschiedlich umgesetzt.

Der Begriff »Montessori« ist weder gesetzlich geschützt noch ein Lizenz- oder Franchiseunternehmen. Damit kann theoretisch jeder überall auf der Welt eine Schule eröffnen und sie »Montessori« nennen, ohne sie mit den authentischen Inhalten zu füllen. Solche Fälle sind außerordentlich ärgerlich. Viele dieser Schulen sind zum Scheitern verurteilt, doch oft erst, nachdem sie der Integrität des Montessori-Konzepts als Ganzem geschadet haben.

Ein Qualitätskriterium ist sicher die Mitgliedschaft der Schule in einer der großen Montessori-Vereinigungen (siehe S. 188).

Wenn Sie eine Schule auswählen, sollten Sie sich zunächst fragen, welche Erwartungen Sie an die Bildung Ihres Kindes und an die Schule haben. Im Weiteren ist zu überlegen, welche speziellen Bedürfnisse Ihr Kind hat. Keine Erziehungs- oder Lehrmethode wird für alle Kinder die einzig richtige sein. Idealerweise sollten die Bedürfnisse des Kindes, die Bildungsziele der Schule und die Werte und die Erziehungsziele in der Familie bestmöglich übereinstimmen.

Die Schule muss für die Eltern ebenso »passen« wie für die Kinder. Es muss eine Partnerschaft bestehen, basierend auf stillschweigendem Übereinstimmen, dass man sich gegenseitig schätzt.

Das Lernen an der Montessori-Schule erfolgt in jahrgangsgemischten Gruppen. Freiarbeit wird an dieser Schule großgeschrieben. Die Schüler können sich auf die Aufgaben ihrer eigenen Wahl konzentrieren und selbst ausgesuchte Methoden und Materialien verwenden. Der Lehrplan sieht nicht nur Fachunterricht vor, sondern zusätzlich Projekte, Betriebspraktika oder Exkursionen. Die Lehrkräfte an den Montessori-Schulen fungieren als Lernberater und -begleiter. Sie sollen die Bedingungen schaffen, damit das Kind aus eigener Kraft lernt, selbstständig zu denken und zu handeln.

Der Montessori-Weg

Eltern, die von der Montessori-Methode überzeugt sind, haben etwa folgende Ansichten über kindliches Lernen:

- **Intelligenz ist nichts Außergewöhnliches.** Kinder werden als intelligente Wesen geboren. Dank der richtigen Anregungen können Reflexionsfähigkeit und Problemlösungsfähigkeiten bei kleinen Kindern gefördert werden.
- **Die wichtigsten Jahre der Bildung** eines Kindes sind die ersten sechs Lebensjahre.
- **Kinder müssen ein hohes Maß** an Selbstständigkeit und Autonomie entwickeln.
- **Wettbewerb** und Leistungsbeurteilungen fördern die Motivation zu lernen nicht. Kinder lernen effektiver, wenn die Schule als spannende, aufregende und angenehme Erfahrung erlebt wird.
- **Es besteht eine direkte Verbindung** zwischen dem Selbstwertgefühl, der Selbstkompetenz und Selbstbeherrschung und der Fähigkeit zu lernen.
- **Kinder lernen am besten** durch spielerische Erfahrung, Anwendung in der wirklichen Welt und Problemlösen.

Die Fortschritte der Schüler werden durch die Montessori-Pädagogen beobachtet und in individuellen Entwicklungsberichten festgehalten.

Vertrauen Sie bei der Entscheidung für eine Schule Ihren Augen, Ohren und Ihrem Instinkt. Nichts geht über Ihre eigene Beobachtung und Erfahrung. Die Schule, die von anderen Eltern hoch gelobt wird, kann für das eigene Kind völlig verkehrt sein; sie könnte aber auch genau das Richtige sein. Bilden Sie sich eine eigene Meinung und vertrauen Sie Ihrer eigenen Erfahrung statt der anderer Eltern.

Letztlich ist die Entscheidung für eine Montessori-Schule eine Sache der persönlichen Präferenz. Wenn Sie eine Schule besuchen und sich in der Atmosphäre dort wohlfühlen und Ihr Kind dort zufrieden und zuversichtlich wirkt, dann ist diese Schule höchstwahrscheinlich eine gute Wahl.

Worauf zu achten ist

Besuchen Sie nach Möglichkeit vor Ihrer Entscheidung eine Klasse an der Schule. Wenn Sie 30 bis 60 Minuten lang die Kinder bei ihrer Arbeit beobachten, werden Sie viel über die Schule erfahren.

- Sie sollten in einem Montessori-Klassenzimmer keine Tischreihen vorfinden. Die Möblierung ist kindgerecht und ermöglicht gemeinsames Arbeiten.
- Die Klassenzimmer sollten hell, warm und einladend sein, mit Pflanzen, Tieren, Kunst, Musik und Büchern ausgestattet. Didaktische Materialien schaffen eine »vorbereitete Umgebung«. Materialien wie Landkarten, mathematische Modelle, Naturmuseum usw. ersetzen die Schulbücher, sie ermöglichen einen sinnlichen Zugang zur Welt. Es gibt eine Klassenbücherei und einen Kunstbereich. Die Arbeitsmittel sind kein Anschauungsmaterial, das die Lehrerin oder der Lehrer benutzt, um etwas zu erklären. Sie sind »Erfahrungsmaterial« für die Hand des Kindes. Im Umgang mit ihm schult es die körperliche und geistige Geschicklichkeit. Es gewinnt Erfahrungen und festigt neu erworbenes Wissen.
- Die Lehrerin hat diesen Raum eingerichtet und hilft den Kindern auch, sich darin zurechtzufinden. Sie zeigt den Kindern, welche Arbeiten sie machen können, dürfen und müssen. Sie lehrt den Gebrauch der vielen Montessori-Materialien wie auch der Arbeitsmittel. Sie erklärt den Kindern die Regeln, die gelten, damit man zusammen arbeiten und lernen

Der Weg zum Lesen In Montessori-Schulen lernen Kinder in ihrem eigenen Tempo lesen, wenn sie so weit sind.

Geschicktes Hantieren Beim Üben alltäglicher Handlungen verfeinern Kinder die Augen-Hand-Koordination enorm.

Gute Manieren Montessori-Kinder sind bekannt für ihre Höflichkeit und Freundlichkeit.

kann, und strahlt im Übrigen auch durch ihre eigene Person Wärme und Orientierung aus.

- Die Kinder folgen ihrem individuellen Lernrhythmus.
- In der Freiarbeit können die Kinder Art und Dauer ihrer Beschäftigung selbst wählen und sich frei im Raum bewegen.
- Jede Klasse sollte über die volle Ausstattung an Montessori-Materialien für dieses Level verfügen.
- Die vorbereitete Umgebung bietet verschiedene Lernbereiche mit einer Ordnung, die von der Sache her bestimmt ist und zu eigenverantwortlicher Disziplin führen soll.
- Die Montessori-Klasse besteht aus einer altersgemischten Gruppe, meist Kinder der Klassen 1 bis 4, die gemeinsam lernen. Auf diese Weise wird das soziale Leben durch die Verschiedenheit der Charaktere und der Altersstufen vielfältig bereichert.
- Es sollte zu erkennen sein, dass sich die Kinder wohl und sicher fühlen.

Adressen und Websites

Montessori-Vereinigungen

Deutsche Montessori Gesellschaft e.V. (DMG)
Butterblumenweg 5
65201 Wiesbaden
Tel.: 0611 / 205 48 71
Fax: 0611 / 205 48 72
www.montessori-gesellschaft.de

Montessori-Vereinigung
Deutschland e.V. – Sitz Aachen
Geschäftsstelle Köln
Xantener Str. 99
50733 Köln
Tel.: 0221 / 760 66 10
www.montessori-vereinigung.de

Montessori Dachverband
Deutschland e.V.
Bundesgeschäftsstelle
c/o Regina Vischer
Feldbergstrasse 2
65830 Kriftel
Tel.: 06192 / 40 27 81
Fax: 06192 / 40 27 73
www.montessori-deutschland.de
Zusammenschluss verschiedener Organisationen, Vereine und Elterninitiativen, die sich der Montessori-Pädagogik und ihrer Förderung in Deutschland widmen

Heilpädagogische Vereinigung
Würzburg e.V.
Karl-Sauer-Str. 5
76829 Landau
mueller-marktbreit@t-online.de

Österreichische Gesellschaft für
Montessori Pädagogik
Hüttelbergstrasse 5
A-1140 Wien
ogmp@montessori.at
www.montessori.at

Montessori Österreich
Bundesverband
www.montessori-austria.at

www.montessori-netz.at

Assoziation Montessori (Schweiz)
Sektion der deutschen und
rätoromanischen Schweiz
Signaustrasse 9
8033 Zürich
montessori@smile.ch
www.montessori-ams.ch

Montessori Europe
c/o Christopher Zanon
Charlet Daheim
CH-6382 Büren
www.montessori-europe.com
info@montessori-europe.com

Montessori-Materialien

Hersteller und Versandhändler von Montessori-Materialien finden Sie im Internet unter dem Stichwort »Montessori-Materialien«.

Weiterführende Literatur

Becker-Textor, Ingeborg: *Das Montessori-Elternbuch*. Herder 2004

Kramer, Rita: *Maria Montessori. Leben und Werk einer großen Frau*. Fischer Tb 1995

Lawrence, Lynne: *Mit Montessori lesen und schreiben*. Auer 2006

Montessori, Maria: *Das kreative Kind. Der absorbierende Geist*. Herder 2002

Montessori, Maria: *Grundlagen meiner Pädagogik*. Quelle & Meyer 2005

Montessori, Maria / Becker-Textor Ingeborg: *Zehn Grundsätze des Erziehens*. Herder 2002

Raapke, Hans-Dietrich: *Montessori heute*. Rowohlt Tb 2001

Stoppard, Miriam: *Kreative Spiele für Babys. So fördern Sie die Entwicklung Ihres Kindes im ersten Lebensjahr*. Dorling Kindersley 2005

Register

A
Absperrgitter 33, 37
Abwaschen 101
Aktivitäten *siehe* Spiele und Aktivitäten
Alphabet, lernen 21, 170ff.
Anregungen, Gleichgewicht 55, 58
Anstand und Höflichkeit 17, 122ff.
  siehe auch Respekt
Anziehen und Ausziehen 21, 41, 43, 90, 92ff.
Aquabox 87
Aufbewahrung
  Flur 41, 96
  Kinderzimmer 36f., 41ff., 92
  Küche 40
  Kunst- und Bastelmaterialien 43, 44f.
  mit Fotos kennzeichnen 82
  Spielsachen 37, 38f., 41ff., 82ff.
Augen *siehe* Sehvermögen
Aus Fehlern lernen 78, 84
  Drei-Stufen-Lektion 166ff., 170, 171f.
  sensible Phase 162
  vormachen, Eltern 78ff., 98ff., 122ff.
Ausstattung
  kindgerechte 21, 40, 41, 78, 98, 138f., 146
Ausstellungen
  kulturelle Studien 154
  Kunstwerke 35, 41, 45, 141
  Natur 43, 146f.
Ausziehen und anziehen 21, 41, 43, 90, 92ff.

B
Babys und Neugeborene
  beruhigen und trösten 25
  Bindung 24, 25, 26
  Bücher und Geschichten 116, 162, 163
  die Umgebung erforschen 27, 30f., 33, 37
  Empfindsamkeit 25
  Füttern 26
  Geburt 22f.
  Kleidung und Windeln 27f., 37, 90f.
  »Kleine Wissenschaftler« 134, 135f.
  Massage 24, 25
  Schlaf 28f.
  Schlafzimmer, Bett und Bettausstattung 28f., 34ff.
  Schreien 108f.
  Sinne und Sinneserfahrungen 25, 34f., 52ff.
  Spielsachen 35ff.
  Verhalten 108f.
Basteln *siehe* Kunst und Handwerk
Bauklötze stapeln 63
Beobachten, Kind 46f.
Berührung, Sinn 59, 70f.
Beschreibende Wörter 165
Beschriftungen, Fotos 82
Bestrafung *siehe* Strafen
Bewegliches Alphabet 21, 173ff.
Bindung 24, 25, 26
Blumen 139ff.
Bohnen, Samen und Linsen 59, 66f., 102, 103, 181f.
Bücher und Geschichten 82, 117, 162, 163, 168ff.
Buchstaben
  im Sandbett 172f.
  lernen 21, 170ff.
Bürsten, Haare 88

D
Das Kind beobachten 46f., 109
Den Tisch decken 80
Diele *siehe* Flur
Disziplin und Selbstdisziplin 77, 110, 118ff.
  Familienregeln 82, 87, 118ff.
Dreiradfahren 81
Drei-Stufen-Lektion 166f., 170, 171f.

E
Ehrgeizige Eltern 115, 162, 184
Einschlafrituale 116f.
Elternsein 6f., 10f., 108ff., 117
Entwicklungsphasen *siehe* sensible Phasen
Erde, Hüter der 136, 141
Erinnerungskiste 158, 159
Essen und Mahlzeiten
  das Kind beobachten 47
  Gemüse 138
  Geschmacksrichtungen ausprobieren 55, 73
  helfen bei 80
  Imbiss 40, 104f.
  kulturelle Studien 153
  Neugeborene und Babys 26
  Tischmanieren 125
  Trotzanfälle meistern 114
Experimente 134f., 180ff.
  siehe auch Natur

F
Fähigkeiten des täglichen Lebens *siehe* Übungen des täglichen Lebens
Fahrradfahren 81
Familienregeln 82, 87, 118ff., 130f.
Farbspiele und -aktivitäten 62ff., 165, 166
Farbtäfelchen 64f., 166
Fehler, lernen aus 78, 84
Feiern, Geburtstage 156ff.
Ferien 154
Fernsehen 130f.
Fläschchen, Sinnesaktivitäten 59, 68, 72, 73
Flur 41, 96
Flüssigkeiten, gießen 21, 40, 1102f.
Formen und Größe, Spiele und Aktivitäten 62ff.
Formen-Sortierkasten 64
Friedenstisch *siehe* Verhandlungstisch 126ff.

G
Gartenarbeit 138ff., 181f.
Geburt 22f.
Geburtstagspartys 156ff.
Gefühle 108ff., 169
Geführte Visualisierung 69
Gegenstände sortieren 61, 180f.
Geheimnisvoller Beutel 71
Gehirn und Nervensystem, Entwicklung 50, 90, 91
Gemüse 138
Geräuschdosen 68

Geräusche und Hören
  Neugeborene und Babys 25
  Musik 16, 35, 41, 54f., 69
  Spiele und Aktivitäten 59, 61, 66ff.
Gerüche und Riechen 51, 59, 72
Geruchsdosen 72
Geschichten und Bücher 82, 117, 162, 163, 168f.
Geschmacksrichtungen und Schmecken 55, 59, 73
Gießen 21, 40, 102f.
Gitter, Sicherheit 33, 37
Glöckchen 59, 67, 69, 129
Gras im Korb 181

H
Haare bürsten 88
Hände waschen 87f.
Handwerk und Kunst 41, 43, 44f., 141
Haustiere 141
Höflichkeit, Anstand und 17, 122ff.
  siehe auch Respekt
Hören siehe Geräusche und Hören
Hüter, Erde 136, 141

I/J
Imbiss siehe Zwischenmahlzeiten
Jahre, zählen 156ff.

K
Kehren 99
Keimende Samen 181f.
Kinderzimmer, Bett und Bettausstattung 28f., 34ff., 41ff., 92
Kindgerechte Ausstattung 21, 40, 41, 78, 98, 138f., 146
Kindgerechtes Heim 32f.
  siehe auch einzelne Zimmer (z.B. Kinderzimmer)
Kindgerechtes Mobiliar 13, 32, 37, 38ff.
Kleidung
  Anziehen und Ausziehen 21, 42, 43, 90, 92ff.
  Neugeborene und Babys 27f.
»Kleine Wissenschaftler« 134, 135f.

Knöpfe
  sortieren 62, 164
  zumachen 21, 94
Kochen siehe Essen und Mahlzeiten; Küche
Kommando-Spiel 165, 175
Kommunikation
  mit Kindern sprechen 163f., 169
  Schreien 108f.
  Trotzanfälle 113
  Verhandlungstisch 126ff.
Konflikte und Machtkämpfe
  Fernsehen 130f.
  Nein-Sagen 115, 121
  Schlafenszeit 115
  Trotzanfälle 112ff.
  Verhandlungstisch 126ff.
Konsequenz 117
Koordination und motorische Fähigkeiten 90, 125, 173
  sensible Phase 16, 21, 30f., 77
Körbe
  Gras 181
  Schätze 56ff.
  zählen 179
  siehe auch Aufbewahrung
Körperpflege, Fertigkeiten 33, 41, 86ff.
Kräuter 59, 72, 138
Küche 33, 40, 87ff.
Kulturelle Studien 152ff.
Kunst und Handwerk 41, 43, 44f., 141
Kunstausstellungen 35, 41, 45, 141

L
Länder der Welt 152ff.
Läufer 13, 18f., 38f., 83f.
Lebend oder unbelebt, Spiel 180f.
Lehrer siehe Schule und Lehrer
Lernen lernen 50, 101, 134f.
Lesen 17, 21, 170ff.
  siehe auch Geschichten
Liebe, Respekt und Selbstachtung 108ff., 122ff., 136, 141
Luft, gießen 183
Luftblasen 183

M
Machtkämpfe siehe Konflikte und Machtkämpfe

Magnetismus 180
Mahlzeiten siehe Essen und Mahlzeiten
Manieren siehe Anstand und Höflichkeit
Mäntel 41, 43, 96f.
Massage 24, 25
Materialien und Qualität, Spielsachen 35ff., 85
Mathematik 17, 55, 176ff.
Memory 65
Mit dem Löffel essen 103
Mit dem Messer umgehen 104f.
Möbel, kindgerechte 13, 32, 37, 38ff.
Mobiles 34, 35, 54
Mobilität, Babys 16, 30f.
Montessori, Maria und Montessori-Prinzipien 11ff., 18ff. 30, 76f., 118, 134ff., 184ff.
  siehe auch einzelne Aspekte (z.B. sensible Phasen)
Motorische Fähigkeiten siehe Koordination und motorische Fähigkeiten
Musik 16, 35, 41, 54f., 69
Muster wiedererkennen 55

N
Nahrungskettenspiel 150f.
Natur
  Ausstellung 43, 146f.
  beobachten 135f., 142ff.
  Gartenarbeit 138ff., 181f.
  Partyspiele 148ff.
  Spaziergänge 142ff.
  untersuchen 181f.
Nervensystem, Entwicklung 50, 90, 91
Netz des Lebens, Spiel 151

O
Oberflächen fühlen 70
Ordnung 12, 13, 82f.
  Regeln 118ff.
  Wohnzimmer 38f.

P/Q
Paare finden, Spiele 62, 64f., 67f., 70
Partys und Partyspiele 148ff., 156ff.
Polieren 21, 101

Putzen, Zähne 88f.
Puzzles 17, 21, 51, 60, 64
Qualität und Material, Spielsachen 35ff., 85

R

Raubtier und Beute (Tiere am Wasserloch) 148f.
Räumliches Vorstellungsvermögen und räumliche Beziehungen 17, 21, 51
Rechenstäbe 176ff.
Regale *siehe* Aufbewahrung
Regeln 82, 87, 118ff., 130f.
Respekt, Selbstachtung und Liebe 108ff., 122ff., 136, 141
Rituale
    Ferien 154
    Geburtstage 156ff.
    Schlafenszeit 116f.
    Verhandlungstisch 126ff.
Rosa Turm 65

S

Samen ziehen 181f.
Samen, Bohnen und Linsen 59, 66f. 102, 103, 181f.
Sandpapierbuchstaben 170ff.
Sauberkeitserziehung 16, 90f.
Schatzkiste 56ff.
Scheibenpyramide 64
Schlaf und Schlafenszeit 28f., 116f.
Schlafzimmer *siehe* Kinderzimmer
Schleifenbinden 94, 95
Schneiden und mit dem Messer umgehen 104f.
Schreiben 17, 21, 173
Schreien 108f.
Schritt für Schritt lernen 80f.
Schuhe 41, 94, 95, 97
    polieren 21, 101
Schule und Lehrer 11, 13, 18ff., 184ff.
    Drei-Stufen-Lektion 166f., 171f.
Schwimmen und Sinken 181
Segelboote, Walnussschalen 182f.
Sehvermögen und visuelle Anregung 34f., 52ff., 56, 59, 62ff.
Selbstachtung, Respekt und Liebe 108ff., 122ff., 136, 141

Selbstdisziplin und Disziplin 110, 118ff.
Selbstständigkeit entwickeln 13, 18ff., 31, 76f., 121
Sensible Phase 17, 50
Sensible Phasen 13, 14ff., 162
    siehe auch bestimmte sensible Phasen (z.B. Sprache)
Sicherheit 32f., 58, 84, 87
Sinken und Schwimmen 181
Sinne und Sinneserfahrungen
    Babys 25, 34f., 52ff.
    Spiele und Aktivitäten 17, 21, 51, 56ff., 60, 62ff.
Socken, Samen ziehen 181f.
Spaziergänge 135f., 142ff.
Spielbereiche
    Kinderzimmer 37, 41ff.
    Läufer 13, 18f., 38f., 83f.
Spiele und Aktivitäten
    Farben 62ff., 165, 166
    Kunst und Handwerk 41, 43, 44f., 141
    Mahlzeiten 102.
    Partyspiele 148ff.
    Puzzles 17, 21, 51, 60, 64
    Sinne 17, 21, 51, 60, 62ff.
    Wasserspiele 87, 90, 181
    Wissenschaftliche Entdeckungen 134ff., 180ff.
    Wörter und Zahlen 165, 173, 175, 176, 179
    siehe auch Natur; Spielsachen
Spielgefährten 124
Spielsachen 35ff., 47, 82, 84, 85, 119
    aufbewahren 37, 38f., 41ff., 82f.
Sprache, sensible Phase 14, 15, 16, 164
Sprechen *siehe* Kommunikation
Staub wischen 101
Stillen 26
Stille-Spiel 68f.
Stoffpaare finden 70
Strafen 108, 121
Summen 178, 179

T

Telefonieren 123
Teppiche *siehe* Läufer
Tisch, decken 80
Tragen, Sachen 84, 125

Trotzanfälle 112ff.

U

Übungen des täglichen Lebens 12, 21, 76f.
    Haushaltspflichten 98ff.
    vormachen 78ff., 98ff., 122ff.
    siehe auch Spiele und Aktivitäten
Umgang mit »nein« 115, 121

V

Vereinigungen, Montessori 185, 188
Verbspiel 175
Verhalten
    Babys 108f.
    beobachten 46f., 109
    elterliches Vorbild 77, 119, 124
    siehe auch einzelne Aspekte (z.B. Respekt)
Verhandlungstisch 126f.
Visualisierung 69, 116
Vorbilder, Eltern 77, 119, 124

W

Wahlmöglichkeiten 114, 115, 116, 121, 131
Walnuss-Segelboote 182f.
Waschen und Baden 87f.
Wasser, Spiele 87, 90, 101, 181
Wasserloch, Tiere am, Spiel 148f.
Windeln 27f., 37, 91
Wohnung
    helfen 98ff.
    kindgerechte 32f.
    siehe auch einzelne Räume (z.B. Kinderzimmer)
    siehe auch Übungen des täglichen Lebens
Wortschatz 60, 141, 163ff.
Wutanfälle *siehe* Trotzanfälle

Z

Zahlen und Rechenstäbe 176ff.
Zählen und Zählspiele 176ff.
Zähne putzen 88f.
Zwischenmahlzeiten 40, 104f.

Dank

Dank des Autors

Mein Dank gilt den fünf besten Montessori-Lehrern, die ich getroffen habe: Susan Stephenson, Autorin und Mitbegründerin von The Michael Olaf Company in Modesto, Kalifornien; Susan Tracy, Chicago, Illinois; K. T. Korngold, Connecticut; Jan Katzen-Luchenta und Terri Sherrill, Phoenix, Arizona bzw. Orlando, Florida. Ich danke meinen Lektorinnen bei Dorling Kindersley in London, Esther Ripley und Angela Baynham, sowie Hannah Moore, die das Layout gestaltet hat, und Vanessa Davies, deren Fotos das Buch mit Leben erfüllen.

Dank des Verlags

Der Verlag dankt Ann Baggaley für das Korrektorat und Sue Bosanko für die Erstellung des Registers. Dank gilt auch Jacqui von Artful Didgers für die Leihgabe der Montessori-Ausstattung, Anna von Sugar Bag Blue für die Requisite und Kevin Smith, Julianne Boag, Tor Godfrey und Sarah Webley für die Hilfe bei den Foto-Shootings.

Modelle: Chantal und Eden Richards, Danielle Rampton, Tom Offer, Sonny und Leon Halpenny, Lucius Waterman, Arianna Bellencin, Alessia Burke, Vanessa und Martha Coleman, Jessie und Cherry Eckel, Joanna und Imogen Key, Ben Houchen, Kevin Smith, Isabella und Alexander Moore-Smith, Amilia Rogers, Max Chidwick, Scarlett Sinclair, Joe Williams, Jessica Dopp, Max und Mia Newman-Turner, Findlay O´Brian, Poppy, Arthur und Delena McConnell, Hunt, Sara, Andy und Lucy Kimmins, Jamie und Joseph Whiteaker, Esther und Sam duSalitoy, Julia, Chris, Rebecca und James Halford, Natalie und Holly Trumper, Amba und Ella Ritchie, Sian Munroe, John und Catherine McFarlane, Tania, William und Ella Stubbs, Alena Daley, Carol und Georgia Armstrong, Keisten Ralph, Marcia, Gemma und Will Gurney-Champion, Michael und Tom Noble, Sarah Webley, Mia und Amelie Nias, Madeline Banner, Heather Lewis, Oswin Moody, Matilda McCarthy, Rose Moss, Poppy und Lily Miller, Tor Godfrey, Anna und Fred Forham, Julianne Boag, Isaac Gardner, Luc Drew, Emily Smith, Lily-Rose Spick, Sean O´Brian, Ella deVilliers, Emily Butcher, Catriona Roony, Darcy Zander, Freya Morrison, Anna Fitzgerald, Claudia Hurley, Ben Garard, James Chiradani, Patrick Willson, Maxim Georgiou, Will Harris, Vishka Thakar, Toby Droy.

Bildnachweis

Dorling Kindersley bedankt sich bei folgenden Personen und Agenturen für die Abdruckrechte: Umschlag vorne: Stephen Hepworth; 13: Bettmann; 135: Getty Images/Jean Louis Batt; 137: Corbis.

Alle anderen Abbildungen © Dorling Kindersley. Weitere Informationen finden Sie unter: www.dkimages.com